Nostalgische Gaumenfreuden aus Mecklenburg

Urgroßmutters Erinnerungen für Leute von heute

Magrit Göllnitz
Nostalgische Gaumenfreuden aus Mecklenburg
Großmutters Erinnerungen für Leute von heute

Malerei und Grafik: Magrit Göllnitz
Herstellung: Klatschmohn Verlag, Druck + Werbung GmbH & Co. KG Bentwisch
ISBN 978-3-933574-04-6
6. Auflage 2010

Magrit Göllnitz

Nostalgische Gaumenfreuden aus Mecklenburg

Urgroßmutters Erinnerungen für Leute von heute

Vorwort

Bei der riesengroßen Anzahl von bereits erschienenen und sehr guten Kochbüchern mag es auf den ersten Blick als überflüssige Arbeit erscheinen, wenn noch ein neues Buch hinzukommen soll.

Die ausgewählten Rezepturen in diesem etwas anderen Kochbuch sind handschriftliche Überlieferungen aus Mecklenburg, beginnend im Jahr 1894, und gesammelte, ausgewählte, bewährte und erprobte Rezepte aus alten Kochbüchern. Dazu kommen Omas Tips rund um den Haushalt, lustige und auch ernstzunehmende Bauern- und Wetterregeln sowie alte deutsche Kinderreime, die schon fast in Vergessenheit geraten sind. Alles wurde mit der Absicht zusammengestellt, dieses alte Gedankengut zu erhalten und es an Kinder und Enkelkinder weiterzugeben.

In unserer heutigen hektischen Zeit ist das riesige Angebot von Fertiggerichten sicherlich eine große Zeitersparnis und Hilfe für die Hausfrauen, die Riesenauswahl an feinen kulinarischen Rezepten aus aller Welt – alles ist unbedingt nachahmenswert und sehr schmackhaft.

Vergessen sollten wir dennoch keineswegs Urgroßmutters Gaumenfreuden, die für uns in Mecklenburg typisch sind.

Ihre Küche ist eine sehr schmackhafte Küche der einfachen und auch der feinen Art. Die kleine Auswahl der Rezepte in diesem Kochbuch soll die guten alten Gerichte wieder aufleben lassen.
Die gesammelten Bauern- und Wetterregeln sowie die lustigen Kinderreime, Lieder, Spottverse und humorvollen Sprüche aus vergangenen Zeiten sind dafür gedacht, alles aufzuheitern und Erinnerungen wachzurufen. Die Auswahl erfolgte nicht unter erzieherischen Aspekten, es sind vergnügliche Texte dabei, die durch ihren historischen Reiz bestimmt werden. Entscheiden Sie selbst, was Sie Ihren Kindern vorlesen möchten.
Beim Kochen und Backen mit den Kindern und Enkelkindern wird sicher so manche Begebenheit aus der eigenen Kindheit wieder erzählenswert.
In diesem Sinn viel Spaß und Freude beim Durchblättern des Buches und gutes Gelingen mit den alten Rezepturen aus Urgroßmutters Zeiten.

Magrit Göllnitz

Rostock, im Oktober 1998

Inhaltsübersicht

Suppen

fruchtig, süß und herzhaft

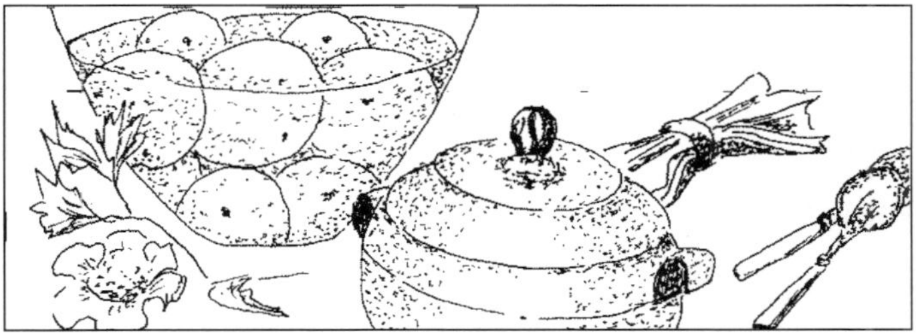

Inhalt	Seite

Inhalt Seite

Fliederbeerensuppe

500 g Fliederbeeren (Holunderbeeren) vom Stengel befreien (nur reife Beeren verwenden), in 2,5 l Wasser eine viertel Stunde lang kochen. Durchsieben, dann in dem Saft mit 250 g Zucker 500 g Apfelscheiben weichkochen.
Soll die Suppe sämig werden, gibt man einen gehäuften Eßlöffel voll Sago zugleich mit dem Zucker und den Äpfeln hinzu.

Sauerkirschsuppe

500 g Sauerkirschen werden entsteint und mit 1 Liter Wasser und 250 g Zucker gekocht. Werden 30 g Sago mitgekocht, wird die Suppe sämig. Diese Suppe wurde früher im Kindermund auch Glubscher- oder Froschaugensuppe (wegen der aufquellenden Sagoperlen) genannt.

Apfelsuppe

Ein Suppenteller voll kleingeschnittener saurer Äpfel wird mit einer Obertasse (große Tasse) voll abgebrühten Reis in Wasser ganz weichgekocht, durch ein Sieb gerieben, mit Zucker, Zimt, Zitronenschale und etwas Salz durchgekocht und mit einem Eidotter abgerührt.

Eine andere Art mit Korinthen:

Man kocht mit den Äpfeln etwas Weißbrot, gibt, nachdem dies durch ein Sieb gerührt ist, geriebenes, in Butter geröstetes Schwarzbrot nebst einer Tasse Korinthen und 2 Nelken und eine Prise Salz dazu, läßt alles ein wenig kochen und rührt die Suppe mit Zimt und einem Löffel dicker Sahne ab.

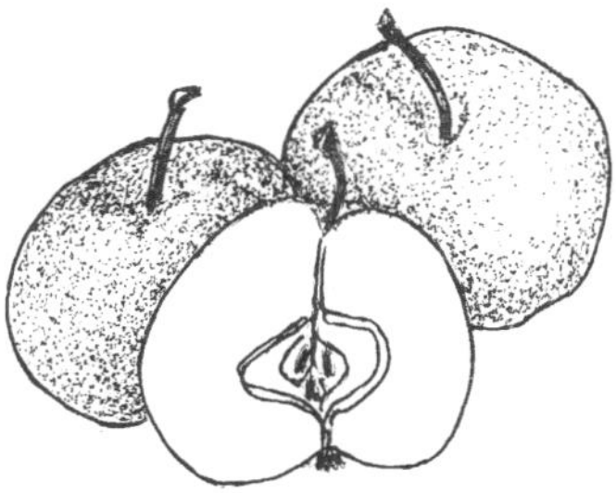

Rhabarbersuppe

In 2 Liter Wasser kocht man 375 g ungeschälte Rhabarberstengel und gibt Zimt und Zitronenschale hinzu. Dann gießt man die Suppe durch ein feines Sieb, läßt sie mit 1/4 Liter Weißwein und 125 g Zucker durchkochen und macht sie mit Kartoffelmehl sämig. Man kann dazu Grießklöße servieren.

Sagosuppe mit Rotwein

Perlsago wird mit heißem Wasser aufgesetzt und mit einigen Zitronenscheiben und einem Stückchen Zimt weichgekocht. Dann gibt man eine gleiche Menge Rotwein dazu, süßt die Suppe mit Zucker, läßt sie eben zum Kochen kommen und richtet sie an. Man gibt geröstetes Weißbrot dazu.

Brennesselsuppe

In einem Liter Brühe zwei Brötchen einweichen. Junge Brennesseln gut waschen, überbrühen, feinhacken und in der Brühe aufkochen. Dann mit ein wenig Grieß andicken und ein Eigelb vorsichtig darunterheben, damit es nicht gerinnt und flockig wird.

Reissuppe

Der abgewaschene oder auch abgebrühte Reis wird mit Suppenwurzeln, etwas Zitronenschalen, frischen oder getrockneten Pilzen und Zwiebeln weichgekocht. Dann gibt man etwas geschwitztes Mehl hinzu, gehackte Petersilie und Schnittlauch. Die Wurzeln müssen zusammengebunden werden, damit man sie aus dem Reis nehmen kann.

Sauerampfersuppe

Zwei Hände voll gewaschenen und abgestreiften Sauerampfer, etwas Schnittlauch, Kerbel und Porree und einen Teller voll geschälter Kartoffeln, die klein geschnitten sind, setzt man mit 33 g Butter und etwas Salz auf und läßt dies dämpfen unter stetem Rühren. Dann gießt man 2 Liter Milch daran und läßt alles aufkochen. Die Suppe wird über fein geschnittene Semmelscheiben angerichtet.

Lebersuppe

Man schneidet 1/2 Pfund Leber in Stückchen und dämpft sie mit Schnittlauch, Zwiebeln, Mohrrüben und Petersilie in Butter weich. Dann schwitzt man 3 Eßlöffel Mehl darin gelb, füllt Fleischbrühe dazu und gibt beim Anrichten geröstetes Brot dazu. Nach Belieben kann man auch etwas saure Sahne daran nehmen.

Biersuppe/Ostersuppe

Man setzt 1 Liter Weißbier mit etwas Zitronenschale und Zimt auf, gibt 70 g Zucker und 30 g klargequirltes Kartoffelmehl daran und quirlt die Suppe mit 2 ganzen Eiern ab. Man kann auch etwas süße Sahne zu den Eiern nehmen und gibt zum Schluß Schneeklöße dazu.

Schneeklöße:
Mehrere Weißeier schlägt man zu einem steifen Schnee, vermischt ihn mit 2 Eßlöffeln Zucker und streicht denselben auf eine Schüssel in der Stärke eines Fingers. Mit einem Löffel werden die Klößchen von dem Schnee abgestochen. Diese legt man dann in die heiße Suppe und läßt sie zugedeckt darin gardünsten. Schneeklöße dürfen nicht kochen.

Brotsuppe mit Äpfeln und Pflaumen

4 Scheiben Schwarzbrot, 4 Äpfel, 250 g Pflaumen, Schale einer Zitrone, 100 g Zucker, 1/2 Liter Weißwein, 2 Eßlöffel Butter, Salz, 3 Gewürznelken, Zimt und 1 1/4 Liter Wasser werden benötigt.

Das Brot und die geschälten und entkernten Äpfel in kleine Würfel schneiden, die Pflaumen halbieren und entsteinen. Alles in etwa 1 1/4 Liter Wasser (das mit Zucker, Zitronenabrieb, Nelken und Salz versehen wurde) etwa eine halbe Stunde schwach kochen lassen, durch ein Sieb streichen oder im Mixer pürieren.

Die Suppe nochmals erhitzen, mit Weißwein und dem Zitronensaft abschmecken und mit einer Einlage von Apfelstücken, die in Butter gedünstet wurden, und Pflaumenhälften, die man mit Zucker und Zimt bestreut hat, anrichten.

Brotsuppe einfache Art

Altes Roggenbrot wird in Stücke gebrochen und ein tiefer Teller voll davon in 2 Liter kaltem Wasser aufgesetzt. Ist es weich gekocht, wird es durch ein Haarsieb gestrichen und dabei 1/2 Liter heiße Milch zugegossen. Dies setzt man dann noch einmal auf's Feuer, gibt Salz und Zucker daran und quirlt die Suppe vor dem Anrichten mit Eigelb und etwas süßer Sahne ab.
Letzteres kann auch unterbleiben. Man gibt zum Schluß Zitronenabrieb und Korinthen oder Sultaninen daran.

Kürbissuppe

Man schneidet den Kürbis in Stücke, nimmt die Kerne heraus, kocht ihn in Wasser weich und treibt ihn durch ein Sieb. Den Kürbisbrei setzt man mit kalter Milch, Zimt, Zitronenschale und ein wenig Salz auf, läßt alles 1/4 Stunde kochen, schmeckt die Suppe mit Zucker ab und verquirlt sie mit Eigelb.

Eine andere Art:

250 g Kürbisfleisch, 1/2 kleine Sellerieknolle, 1 Tomate, 1 Zwiebel, 1 1/4 Liter Wasser, 1 - 2 Brühwürfel sowie Suppengrün benötigt man für diese herzhafte Suppe. Man bereitet eine Mehlschwitze von 1 Eßlöffel Fett und 2 Eßlöffeln Mehl, schwitzt die Zwiebel mit, gibt Wasser und die übrigen Zutaten hinzu und kocht sie weich. Die Suppe wird durchgesiebt, nochmals aufgekocht und mit Salz und Suppenwürze abgeschmeckt.

Grüne Bohnensuppe

1 kg frische grüne Bohnen, 500 g Kartoffeln, Bohnenkraut, 1 1/2 Liter Fleischbrühe, 1 bis 2 Eßlöffel Mehl, 2 Zwiebeln, 50 g Speck, Salz, Pfeffer, Speisewürze und gehackte Petersilie werden benötigt.

Bohnen putzen und schnippeln und mit gewürfelten Kartoffeln und Bohnenkraut in die Fleischbrühe geben und garkochen. Das Mehl unter ständigem Rühren bräunen, dann die Brühe löschen und in die Suppe geben. Speck und Zwiebeln goldgelb braten und hinzufügen. Mit Pfeffer, Salz und Speisewürze abschmecken und zuletzt die gehackte Petersilie darüberstreuen.

Pilzsuppe

Mit einem Stück frischer Butter, einer Messerspitze weißem Pfeffer und etwas gehackter Petersilie wird ein Teller voll Champignons, Steinpilze oder Pfifferlinge, die sauber gewaschen und geputzt sind, mit etwas Salz im eigenen Saft geschmort und eine kurze Zeit lang gedünstet; dann wird eine helle Mehlschwitze aus 70 g Butter und 2 Eßlöffeln Mehl bereitet, dieselbe mit 1 1/2 Liter Wasser, worin reichlich Wurzelwerk verkocht war, zu einer sämigen Suppe gekocht, über die Pilze gegossen, mit 2 Eidottern legiert und über geröstete Semmelwürfel angerichtet.
Nimmt man Pfifferlinge zu dieser Suppe, so werden sie erst blanchiert.

Specksuppe

Gut durchwachsener, geräucherter Speck wird 2 - 3 Stunden gekocht, und dann wird allerhand Gemüse, Rüben, Kohl usw., dazu getan und in der Suppe weichgekocht. Ist das Fleisch gar, nimmt man es heraus, schöpft das Fett von der Brühe und läßt Mehlklößchen darin garkochen.

Beim Anrichten legt man weichgekochte Backpflaumen hinein und reicht den gekochten Speck dazu.
Nach Belieben kann man etwas Essig daran gießen.

Mehlklößchen: 375 g Mehl, eine Prise Backpulver, 2 Eigelb und Salz werden zu einem Teig verrührt, der Eischnee wird daruntergezogen. Mit einem Eßlöffel oder Teelöffel (je nach gewünschter Größe) werden die Klöße abgestochen und in Salzwasser 6 Minuten gekocht.

Linsensuppe

Die gut verlesenen Linsen gibt man in einen Topf, dessen dritten Teil sie füllen, gieße Wasser darauf, schneide Petersilienwurzel und Porree sowie 3 - 4 Kartoffeln daran und lasse sie nebst einem Stückchen Butter und Salz gar-kochen.

Man quirle dann braunes Mehl an die Suppe und lasse sie damit aufkochen. Man kocht die Suppe auch ohne Wurzeln, gibt dann Essig und Zucker daran und rührt gebräuntes Mehl hinzu. Zum Schluß gibt man in Würfel geschnittenen und ausgebratenen Speck mit Zwiebelscheiben hinzu.

Zu Linsen serviert man gern geschmorte Backpflaumen, Wurst oder Pökelfleisch.

Weiße Bohnensuppe

Man weicht abends zuvor die Bohnen ein, gießt am anderen Morgen das Wasser ab und setzt sie mit kaltem Wasser wieder auf. Man salzt erst, sobald die Bohnen weich sind. Indes kocht man Fleischbrühe von Rind- und Schweinefleisch mit Wurzelwerk, Zwiebeln, Sellerie, Porree, ein wenig Majoran oder Thymian, gießt dann die Fleischbrühe durch ein Sieb, vermischt sie mit den Bohnen und bindet die Suppe mit einer Mehlschwitze.

Sanfte Liese

Dies ist eine Milchsuppe mit Sago. Sago wird in die mit etwas Wasser vermischte kochende Milch gegeben, weil er sich sonst ganz auflösen würde; zugleich rührt man, wenn der Perlsago nach Verlauf von 1/2 - 3/4 Stunde weich geworden ist, etwas Stärke oder Kartoffelmehl und eine Prise Salz an und gibt nach Belieben Zucker und Zimt hinzu. Man rechnet je Person 1/2 Liter Milch und 30 g Sago.

Boddermelk mit Klümp

Aus Milch, Grieß, einer Prise Salz und Zucker kocht man einen dicken Grießbrei, nimmt ihn vom Feuer und schlägt einige Eier hinein; die Menge richtet sich nach der Personenzahl. Die abgekühlte Masse wird mit Mehl gerührt, bis sie sich von der Schüssel löst. Inzwischen bringt man Buttermilch (Boddermelk) mit reichlich Zucker unter Rühren zum Kochen, sticht von dem Grieß mit einem Eßlöffel Klöße (Klümp) ab und läßt sie in der Buttermilch ca. 10 Minuten ziehen.

Melksupp mit Klüten

Man rührt so viele ganze Eier mit Mehl zusammen, bis daraus eine dickflüssige Masse entsteht, die eben vom Löffel läuft, und würzt dieselbe mit 1 Messerspitze voll geriebener Muskatnuß und 1 Messerspitze voll Salz. Diese Masse läßt man über einen Quirl oder durch einen Durchschlag in die kochende Milch tropfen, wobei man unausgesetzt langsam umrührt, da sonst die Klüten aneinander hängen bleiben. Die Milchmenge von 1 Liter wird mit 50 g Zucker, 1 Prise Salz und 1/2 Zimtstange aufgekocht.

Aalsuppe

Eine kräftige Rindsbouillon wird benötigt, die vorgekocht sein sollte. Der Aal wird gereinigt, entgrätet und in Stücke geschnitten, dann wird er mit Wasser und Essig (im Verhältnis 1:1) übergossen und gargekocht. In der Zwischenzeit werden Sellerie, Möhren, frische grüne Erbsen in der Rindsbouillon gegart. Gewürzt wird mit Zwiebeln, Gewürznelken, Pimentkörnern, Lorbeerblättern, Salz und mit frischen Kräutern wie Petersilie, Salbei, Pfefferminzkraut, Bohnenkraut, Thymian, Majoran und Estragon. Nun werden Birnen und Backpflaumen in Weißwein mit etwas Zucker und Kaneel gedünstet, bis sie weich sind. Den Aal schüttet man dann mit sämtlichen Zutaten in die mit Mehl und Butter angeschwitzte Bouillon und läßt das ganze noch mit ein wenig Salz und einer halben geriebenen Muskatnuß gewürzt 15 Minuten kochen, dann wird serviert.

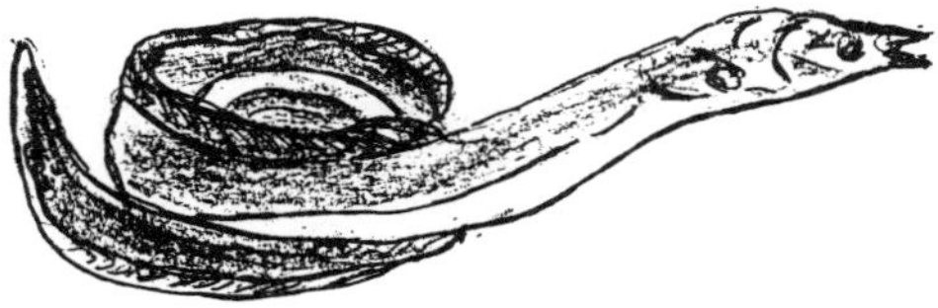

Krebssuppe

Für 8 Personen rechnet man 16 Stück Krebse von mittlerer Größe, kocht sie in leichtem Salzwasser ab und bricht sie dann gehörig aus. Die Schwänze und das Fleisch der Scheren legt man beiseite, aus den Nasen putzt man das Bittere rein aus und stößt sie nebst den übrigen Schalen, mit Ausnahme der grauen faserigen Bauchstücke, in einem Mörser ganz klar. Hierauf zerläßt man in einem Topf 125 g Butter, gibt die gestoßenen Schalen hinein, läßt sie so lange schmoren, bis sie schön hellrot aussehen (ca. eine halbe Stunde), rührt dabei aber fleißig um.

Nun bereitet man mit je einem Eßlöffel Mehl und Semmelmehl eine Schwitze, füllt mit Fleischbrühe auf und läßt alles 1 Stunde kochen. Nun wird die Suppe durchgesiebt und mit 2 Eidottern, die man mit Rahm glattgerührt hat, sämig gemacht.

Das Krebsfleisch wird nun mit der Suppe übergossen und sofort serviert.

Soßen

Inhalt Seite

Schausterstipp

Das ist eine Mehleinbrennesoße, die gekonnt sein muß, damit sie richtig schmeckt. In die heiße Pfanne wird durchwachsener Speck (ca. 150 g) gegeben, der ordentlich ausbraten muß, eventuell noch etwas Margarine dazugeben. Darin werden dann geschnittene Zwiebelwürfel gedünstet, aber nur leicht anbräunen – vorsichtig, denn sie verbrennen schnell. Dann gibt man ca. 3 - 4 Eßlöffel Mehl in das Zwiebel-Speck-Fett und bräunt dieses unter ständigem Rühren, bis es schön dunkel ist (es darf bis kurz vor dem Anbrennen sein, das ist eben gerade der Pfiff dabei).
Mit heißem Wasser wird die Einbrenne aufgegossen und unter ständigem Rühren läßt man sie durchkochen. Zum Schluß wird die Soße mit Salz und Pfeffer abgeschmeckt.
Dazu reicht man Pellkartoffeln, Salzheringe und einen frischen Blattsalat.

Kapernsoße

Man macht eine helle Einbrenne (leicht in Fett geschwitztes Mehl), gießt Brühe daran, etwas saure Sahne, Zitronenschale und Kapern. Nach Geschmack mit Salz und ein wenig Zucker würzen.

Petersiliensoße

Eine helle Einbrenne wird mit Fleischbrühe verrührt, dann gibt man feingehackte Petersilie dazu sowie etwas Muskatnuß und läßt dies durchkochen. Salz wird nach Geschmack hinzugefügt.

Pilzsoße

Man macht braune Mehlschwitze mit Butter und verrührt diese mit dem Kochwasser von Pilzen (auch eingeweckten). Die Soße wird mit einer geriebenen Zwiebel, Salz und Pfeffer abgeschmeckt. Je nach Geschmack rührt man den Saft einer Zitrone an die Soße. Man kann sie aber auch verbessern, indem man sie mit einem Ei abrührt.

Die Pilze werden in der Soße angerichtet. Die Soße, die natürlich auch mit Pilzpulver allein zubereitet werden kann, ist vorzüglich zu Fleischspeisen, pikanten Aufläufen oder Pasteten zu empfehlen.

Eine andere Art:

Man macht eine helle Einbrenne mit Butter, schwitzt gehackte Zwiebeln darin, füllt Bouillon auf, gibt geschmorte Steinpilze und etwas saure Sahne dazu und läßt alles gut durchkochen. Zuletzt gehackte Petersilie unterrühren.

Cumberlandsoße

Man rühre 80g Johannisbeergelee 3 Minuten in einer Schale mit einem gehäuften Teelöffel milden Senf, gebe dann ganz allmählich unter beständigem Rühren 1/8 Liter Olivenöl, die abgeriebene Schale einer halben Zitrone und deren Saft, sowie einige Eßlöffel Rotwein und ganz wenig Kräuteressig daran. Diese Soße ist pikant und paßt zu Pasteten, Fisch und Käse.

Saure Specksoße

Würflig geschnittener Speck wird ausgebraten, darin gehackte Zwiebeln dünsten, dann gibt man ein paar Eßlöffel Mehl hinzu, verrührt alles und gießt Fleisch- oder Fischbrühe hinzu. Etwas Essig, Pfeffer, Salz, 2 Lorbeerblätter, Kapern und etwas Zucker kommen noch hinzu, alles schön durchkochen lassen. Es muß eine sämige Soße sein.
Sie wird zu Kartoffeln, Eiern und Fisch gegeben.

Kräuterbutter

Man nimmt 1 Eßlöffel feingehackte Petersilie, Schalotten und Kerbel, mischt es mit 125 g frischer weicher Butter und gibt den Saft einer Zitrone, etwas Salz, Pfeffer und Muskatnuß dazu. Diese Butter eignet sich besonders zu gebratenem Fisch und Fleisch.

Kräuterquark als Brotaufstrich

250 g Magerquark, 1 Becher Sauerrahm, 1 fein geschnittene Zwiebel, 2 Eßlöffel Öl, Pfeffer und Salz sowie reichlich feingehackten Dill benötigt man für diesen leckeren Kräuterquark. Durch ein wenig Milch ebener gerührt, paßt er auch sehr gut als Remouladensoße zu gegrillten Fleischgerichten, wie Kammkoteletts, Schaschliks u.a.

Majonnaisensoße

6 Eidotter werden mit ein wenig Öl, etwas Senfmehl, weißem Pfeffer und Salz gerührt, bis die Masse dick wird. Dann gibt man tropfenweise 6 Eßlöffel gutes Speiseöl dazu und ein wenig Essig. Eine Mehlschwitze aus einem walnußgroßen Stück Butter, einem Eßlöffel Milch und einem Eßlöffel Mehl wird jetzt dazugerührt. Mit Essig je nach Geschmack evtl. noch nachwürzen. Die Soße muß so gewürzt sein, daß es in der Nase ordentlich kribbelt.

Remouladensoße

2 Eßlöffel Butter, 2 Eigelb, 4 Eßlöffel Öl, 1 Eßlöffel Essig, Mostrich, Zucker und Salz werden langsam zusammen verrührt. Zur Soße können feingehackte Kräuter wie Dill und Petersilie sowie gehackte Gewürzgurken gegeben werden. Die Soße paßt zu gebratenem Fisch und zur hausgemachten Sülze.

Tassensoße (Mostrichsoße)

Je ein kleiner Tassenkopf Brühe, Weißwein, Eigelb, Mostrich, Zucker, Weinessig werden zu einer dickflüssigen, pikanten Soße gekocht. Das heißt, es darf nicht tüchtig kochen, sondern nur bis zum Siedepunkt gelangen. Essig kann man, je nach Geschmack, etwas weniger nehmen.
Diese Soße ist äußerst schmackhaft und kann ebensowohl zu Rindfleisch als auch zu gekochten Eiern und übriggebliebenem Fisch gegeben werden.

Kastaniensoße

Eßkastanien werden gekocht, abgeschält und mit etwas Zucker geröstet. Dann macht man eine Soße von in Butter geschwitzten Wurzeln und Zwiebeln, worin Mehl verrührt ist, gießt Fleischbrühe darauf und gibt etwas Zitronensaft dazu. Die Soße muß braun sein. Die Kastanien läßt man in der Soße durchkochen und richtet sie auch mit an.

Soße Robert

Man bräunt Butter, gibt in Wasser gekochte Schalotten dazu, etwas geriebenes Schwarzbrot, Weinessig, Salz, Pfeffer und etwas Senf. Dies muß gut durchkochen und sämig sein. Zucker nach Geschmack dazugeben. Diese Soße paßt zu Bratwurst und Koteletts.

Gurkensoße

Die geschnittenen Gurken dämpft man in Butter. Von einer braunen Mehlschwitze und Fleischbrühe macht man eine sämige Soße, gibt Essig, Pfeffer, Zucker daran und läßt die Gurken in dieser Soße weichkochen. Mit Salz wird zuletzt gewürzt.

Rosinensoße

1/2 Pfund Sultaninen oder große Rosinen (waschen und gut verlesen) kocht man in Fleischbrühe gar.
Dann macht man eine braune Einbrenne, gibt diese zur Brühe, auch einige Zitronenscheiben, Zucker nach Geschmack, Pfeffer, etwas Weißwein und läßt alles gut durchkochen.

Chaudeausoße

In einem Topf werden 2 ganze Eier zusammen mit 2 Eßlöffeln Zucker verrührt. Dann gießt man 1/4 Liter Weißwein dazu sowie den Saft und Abrieb einer unbehandelten Zitrone und rührt noch etwas angequirltes Mehl darunter.
Diese Soße wird zu Süßspeisen serviert.

Himbeersoße

Die Himbeeren werden durchgedrückt, mit etwas Wein, Zucker und Zimt gekocht und mit Kartoffelmehl sämig gerührt. Man kann diese Soße kalt oder warm servieren zum Eis, Grießbrei oder zum Pudding.

Hagebuttensoße

Gut getrocknete Hagebutten werden gewaschen, 1 Eßlöffel geriebene Semmel dazugetan und mit kaltem Wasser aufgesetzt. Wenn die Früchte weich sind, treibt man sie durch ein Sieb, dann kommen Zucker und Wein dazu. Die Soße sollte dick eingekocht werden. Wenn nötig, wird mit etwas Kartoffelmehl nachgedickt. Sie wird zu Mehlspeisen kalt und warm gegeben.

Fleischgerichte

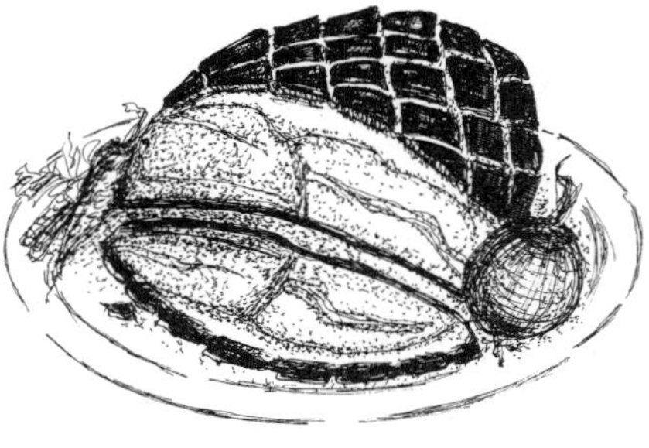

Inhalt Seite

Inhalt	Seite

Schweinenbraten mit Pflaumenbeiguß

6 Pfund mageres Schweinefleisch aus der Keule werden abends vor dem Gebrauch mit Salz und Pfeffer eingerieben und mit Nelken gespickt. Ebenfalls kocht man am Tag vorher 1 Pfund Backpflaumen mit genügend Zucker und Wasser, so daß 3/4 Liter Pflaumenbrühe entstehen.

Nun setzt man das Fleisch mit etwas Butter auf und läßt es bräunen, dann gießt man nach und nach die Pflaumenbrühe und wenn nötig, noch etwas Wasser dazu und läßt es schmoren, bis es gar ist.

Die Pflaumen gibt man zum Braten.

Schweinefleisch mit grünen Birnen

1 1/2 kg gute Kochbirnen werden geschält und geviertelt in eine Bratpfanne zu 2 Pfund Schweinefleisch vom Kamm getan, das vorher schön gesalzen wurde. Es wird Wasser darauf gegossen und etwas Zucker untergerührt, 2 - 3 Pimentkörner werden dazugegeben.
Das Fleisch muß öfter mit dem Sud begossen werden.
Kurz vor dem Anrichten gibt man etwas Mehlschwitze an die Soße.
Dazu werden Salzkartoffeln oder auch Kartoffelklöße serviert.

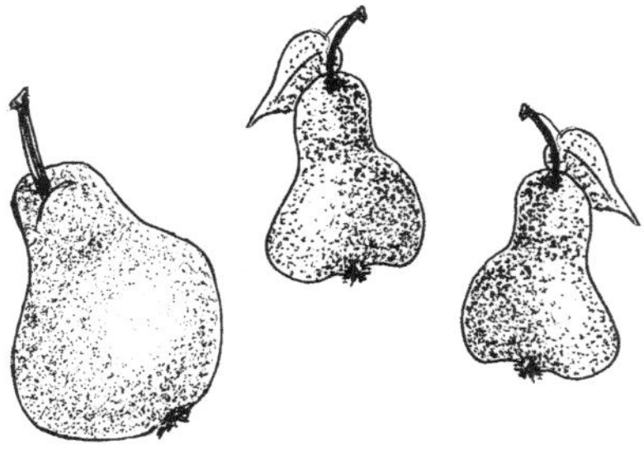

Pikantes Schweinefleisch mit Bohnen und Birnen

800 g Schweinefleisch werden in Streifen geschnitten und mit folgender Marinade vermischt: 1 Teelöffel Salz, 1/2 Teelöffel Ingwer, 2 Eßlöffel Weizenspeisewürze, 1 Eßlöffel Honig, 1 Teelöffel Pfeffer, 4 Eßlöffel Öl, 2 große in Scheiben geschnittene Zwiebeln und 3 Eßlöffel Tomatenmark.
Das Fleisch muß eine Stunde darin durchziehen, danach wird es in heißem Öl schön braun angebraten.
Dann gießt man 1/4 Liter heißes Wasser zum Fleisch und gibt noch die restliche Marinade sowie 600 g Brechbohnen mit 3 frischen Zweigen Bohnenkraut ohne Stengel dazu.

Alles muß jetzt 20 Minuten garen. In der Zwischenzeit werden 4 große reife Birnen geschält, geviertelt und dazugegeben. Alles gart weitere 10 Minuten.
Hierzu werden Petersilienkartoffeln gereicht, aber auch ein körniger Reis schmeckt ausgezeichnet dazu.

Rippenbraten gefüllt

Ein ganzes Rippenstück, schön fleischig, wird mit Salz eingerieben, das man etwas einwirken läßt. Dann das Rippenstück zur Hälfte umklappen oder hinter den Rippen einschneiden, so daß eine Tasche entsteht.
Man bereitet eine Füllung aus zwei großen säuerlichen Äpfeln (Boskop), die in Scheiben geschnitten werden, zwei Eßlöffeln Zucker und einer Tasse Rosinen oder Backpflaumen. Diese Füllmasse gibt man in die Fleisch-Tasche und näht sie zu.
Der Braten gelingt am besten in der Backröhre.
Besonders wichtig für eine gelungene Soße ist das richtige Anschmoren des Rippenbratens, er muß rundherum schön braun sein. Beim Zugießen von heißem Wasser werden 2 bis 3 Pimentkörner dazugegeben sowie eine große Zwiebel. Ist der Braten gar, die Soße wie gewohnt mit angequirltem Mehl binden und zum Verfeinern etwas Sauerrahm unterrühren.
Der Braten wird zu Salzkartoffeln gereicht, dazu paßt geschmorter Rotkohl. (siehe Rezeptur Obst und Gemüse)

Klopp-Schinken

Etwas dick geschnittene Scheiben von rohem Schinken werden tüchtig geklopft und einige Stunden in Milch gelegt. Dann wendet man sie in Ei und geriebener Semmel um, streut ein wenig Pfeffer darauf und brät sie in Butter auf beiden Seiten schön goldbraun.

Man gibt Kartoffelpüree dazu, auch grüne Bohnen, Mischgemüse, Spargel oder Schmorgurken.

Kotelett – geschmort

Die Koteletts werden mit Salz, Pfeffer und Mehl bestäubt und auf beiden Seiten braungebraten, dann gibt man heißes Wasser daran sowie Sellerie, Petersilienwurzeln, Zwiebeln und Zitronensaft, läßt sie darin schmoren und macht zuletzt die Soße mit Mehl sämig. Sehr gut schmeckt etwas Madeira daran.

Zwiebelfleisch mit Backpflaumen

1 kg Suppenfleisch vom Rind wird gesalzen und mit Möhren, Sellerie, Porree, 1 - 2 Lorbeerblättern und 1 Zwiebel gargekocht.
Man füllt einen Teil Brühe, den man für die Soße benötigt, durch ein Sieb ab, gibt 1 kg in Scheiben geschnittene Zwiebeln zusammen mit dem Fleisch dazu, läßt alles kochen, bis die Zwiebeln weich sind, gießt alles wieder durch ein Sieb und sämt die Soße mit angequirltem Mehl an. Kurz nochmals aufkochen lassen. Das Fleisch wird in Scheiben geschnitten und wieder in die Soße gelegt.
Dazu serviert man Salzkartoffeln und Backpflaumen, die man in der Backröhre zubereitet.

Bei der Zubereitung der Backpflaumen im Backofen muß man vorsichtig sein, damit das »Fell« der Pflaumen nicht platzt oder sie gar austrocknen. Fingerspitzengefühl ist gefragt für diese Delikatesse zum Zwiebelfleisch.

Schweinehirn – Brägen

Das Hirn wird für 1 bis 2 Stunden gewässert, enthäutet und in einer Pfanne, in der reichlich kleingeschnittene Zwiebeln glasig gedünstet wurden, geschmort, bis es weiß und fest wird. Mit Pfeffer und Salz wird es gewürzt und zu Pellkartoffeln und Schusterstippe serviert.
Ein frisches Butterbrot und ein grüner Salat, mit saurer Sahne zubereitet, sind auch sehr empfehlenswert.

Verwendung des Kuheuters

Das Euter muß schon am Abend vorher mit Salzwasser auf den Herd gestellt werden. Es muß dann drei Stunden kochen, wird gehäutet, in Scheiben geschnitten und in Ei und Semmel gewälzt, gelbbraun gebraten.
Es paßt zu Rotkohl. Man kann das Euter auch mit Wurzelwerk kochen und die Brühe als Suppe verwenden.

Hasenbraten

Der Hase wird sorgfältig gespickt und in die Pfanne gelegt. Man bestreut ihn mit Salz und belegt ihn mit einem halben Pfund Butter. Nun wird er während des Bratens fleißig mit Wasser oder Brühe übergossen.
Ein junger Hase ist in einer halben Stunde gar und braun. Der Ofen muß richtig heiß sein. Zuletzt gießt man noch saure Sahne zur Soße und läßt sie mit durchkochen.

Eine andere Art: Hase mit Sahne gebraten

Der Hase wird zwei Tage in eine Marinade von Essig, Lorbeerblättern, Pfeffer, Salz und Nelken gelegt.
Von dieser Marinade gießt man einen Teil über den zu bratenden Hasen und reichlich saure Sahne, worin er dann braten muß. Kocht die Soße ein, so gibt man so lange saure Sahne hinzu, bis der Braten gar ist.

Weihnachtsente

Die Ente wird über Nacht gewässert und am nächsten Morgen gut gesäubert und mit frischem Wasser abgespült, dann gut getrocknet und ordentlich von innen und außen gesalzen. Für die Füllung viertelt man 2 große Boskop-Äpfel, zuckert diese tüchtig mit 1 bis 2 Eßlöffeln Zucker und füllt die Ente damit auf, jetzt wird zugenäht.

In der Zwischenzeit wird der Backofen vorgeheizt.

Die Ente wird dann mit einer halben Tasse Wasser, einer Zwiebel und 2 bis 3 Pimentkörnern mit dem Bauch nach unten in den Backofen geschoben und bei 200 °C unter ständigem Zugießen von heißem Wasser und öfterem Wenden gebräunt und gargeschmort.

Ist sie gar, wird die Soße abgefüllt und mit Mehl angesämt, bindet sie nicht richtig, muß Bratenfett abgeschöpft werden.

Nachgewürzt wird mit Salz und einer Prise Zucker. Die Ente wird nochmals mit etwas kaltem Salzwasser übergossen und recht knusprig im Backofen von allen Seiten gebraten.

Dazu serviert man Salzkartoffeln und geschmorten Rotkohl, dem man auch ein paar Löffel von dem ausgebratenen Entenfett beigeben kann.

Für den Magen wird im Anschluß an dieses Gericht unbedingt ein echter »Rostocker Kümmel« serviert, er dankt es mit Wohlwollen.

Sauerbraten

Ein schönes Stück Schmorfleisch wird rundherum mit Speck gespickt und in eine Marinade aus Bier und Essig (zu gleichen Teilen) eingelegt. Hinzugefügt werden Lorbeerblätter, Thymian, Basilikum und Zwiebeln.

In dieser Marinade bleibt das Fleisch 2 - 3 Tage unter täglichem Wenden liegen.

Danach wird das Fleisch in Rindertalg oder Speck mit den üblichen Zutaten (Salz, Pimentkörnern, Zwiebeln) geschmort. Zum Schluß bei stärkerer Hitze unter stetigem Begießen mit heißem Wasser bräunen.

Die Soße wird mit Kartoffelmehl gebunden.

Den Sauerbraten mit Klößen anrichten. Dazu ist geschmorter Rotkohl sehr empfehlenswert.

Ochsenschwanz in Soße

Der Ochsenschwanz wird gründlich gewaschen, in den Gelenken eingeschnitten, mit Suppengrün, Zwiebeln und Salz zum Kochen gebracht und so lange gekocht, bis er fast gar ist. Nun gießt man den größten Teil der Brühe zur Suppe ab und kocht ihn im Rest der Brühe gar. Aus Mehl, Zwiebeln und Fett bereitet man eine dunkle Mehlschwitze, die man mit der Brühe aufrührt. Man gibt etwas Zuckercouleur, Essig, Gewürz, ein Lorbeerblatt und ein wenig Zucker hinzu und läßt das Fleisch noch einmal darin ziehen.

Meerrettich-Fleisch

600 g Schweinekopf (auch Kammfleisch) in einem Sud von heißem Wasser, Salz, etwas Essig, feingeschnittenem Wurzelwerk, 1 Lorbeerblatt, 1 Zwiebel und 3 Pfefferkörnern garen.
Das Fleisch aus der Brühe nehmen und in Portionen schneiden, auf dem Teller wieder mit etwas Brühe übergießen und reichlich mit geriebenem Meerrettich bestreuen. Hierzu kann man Salzkartoffeln oder auch frisch gebackenes Weizenbrot reichen.

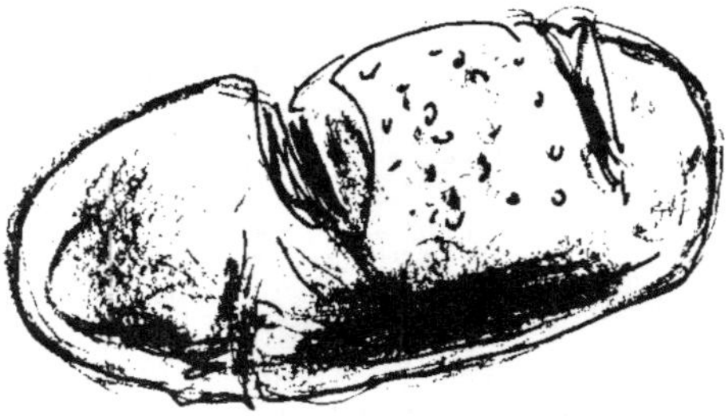

Geschmortes Eisbein

1 Eisbein in einem Schmortopf mit wenig Fett ringsum richtig schön braun anschmoren. Nach und nach soviel heißes Wasser aufgießen, daß das Eisbein zur Hälfte bedeckt ist.
Unter Zugabe von Salz, 2 - 3 Pimentkörnern, Beifuß und einer Zwiebel garschmoren. Die Soße mit Stärkemehl binden. Dazu passen Kartoffelklöße, aber auch Salzkartoffel und als Beilage ein frischer Salat.

Suppenfleisch ...kalt zu verwenden

Das übriggebliebene Suppenfleisch wird mit geschnittenen Zwiebeln gröblich gewiegt und mit Salz und gestoßenem Pfeffer vermengt. Es schmeckt vorzüglich auf Butterbrot des Abends zum Tee.

Hausmacher Sülze

Man benötigt dazu 500 g Schweinebauch (früher nahm man 1/2 Schweinskopf), zwei Spitzbeine, ein Eisbein, einen Schweineschwanz, 1 Päckchen Gelantine, 1 bis 2 Lorbeerblätter, Gewürzkörner, Essig und Salz, etwas Zucker, 2 Zwiebeln sowie 1 bis 2 Gewürzgurken, die den Geschmack verfeinern.

Alles, außer Essig und Gelatine, wird zusammen gekocht. Das Fleisch wird dann von den Knochen gelöst und in Würfel geschnitten.

Den Sud mit Essig richtig scharf abschmecken (es muß in der Nase kribbeln), Fleisch und Sud in eine Schlüssel geben und die nach Vorschrift bereitete Gelantine unterrühren.

Die Sülze kalt stellen und erstarren lassen.

Sauce zur Sülze:

Geriebene saure Äpfel mit Senf, feinem Öl, Essig, Zucker und etwas Salz gut verrühren.

Birnen und Bohnen mit Speck

500 g durchwachsener, nicht zu fetter Speck oder geräucherte Schweinebacke wird 20 Minuten in 1 Liter Wasser gegart, dann wird das Fleisch herausgenommen und warmgestellt.
500 g geputzte und gewaschene grüne Brechbohnen, 1 Eßlöffel frisches Bohnenkraut sowie reichlich gehackte Petersilie werden nun in dem Specksud gegart. Nach 20 Minuten Kochzeit werden 500 g gewaschene Kochbirnen (ganz lassen mit Stiel) dazugegeben und weitere 15 Minuten mitgekocht.
Das Fleisch wird nun in Scheiben geschnitten und auf die aus dem Kochsud genommenen Birnen und Bohnen gelegt.
Nun kann man beliebig von dem Sud noch eine Einbrennesoße zubereiten, die dann über das Gericht gefüllt wird.
Ohne diese schmeckt es aber auch vorzüglich.
Dazu gibt es gesalzene Petersilienkartoffeln.

Specksalat und Eierkuchen

Pellkartoffeln noch warm schälen und in Scheiben schneiden. Gewürzt wird mit Pfeffer, Salz und Essig ganz nach Geschmack. Speck wird ausgebraten und dazugegeben. Eine grüne Gurke mit Schale raspeln und ebenfalls dazufügen. Gut rühren und noch warm servieren.

Dazu wird Eierkuchen zubereitet:

1 Ei pro Person in einen Topf schlagen, mit Salz, Milch und eingeweichtem Brötchen oder Weißbrot verquirlen.
Inzwischen Speck in der Pfanne auslassen.
Darauf vorsichtig die gequirlten Eier geben und zugedeckt auf kleiner Flamme stocken lassen. Es darf weder gerüttelt noch umgerührt werden.

Warmer Specksalat

Dazu benötigt man 1500 g Pellkartoffeln, 100 g fetten oder durchwachsenen Speck, 1 große Zwiebel, Salz, Essig, Pfeffer, Lorbeerlaub. Es wird ein Sud aus Wasser, geschnittenen Zwiebeln sowie allen Gewürzen zubereitet. Dieser Sud wird kochend über die warmen Kartoffelscheiben gegossen; alles muß etwas durchziehen. Vor dem Servieren gibt man den zerlassenen Würfelspeck hinzu. Dazu kann man Schweineleber servieren, die mit Apfelringen und Zwiebeln gebraten wird, sowie einen grünen Blattsalat.

Appelgrieben

Apfelgriebenschmalz wird wie Griebenschmalz zubereitet, dazu kommen dann aber noch 250 g kleingeschnittene Äpfel (saurer Boskop), die zusammen mit den Zwiebeln in das siedende Griebenschmalz vorsichtig hineingegeben werden, 1/2 Teelöffel Zucker dazu, dann alles noch etwas durchkochen lassen.

Griebenschmalz

500 g Rückenfett wird zusammen mit den Gewürzen sowie je 1 Teelöffel Thymian und Majoran und 3 Pimentkörnern ausgebraten. Zum Schluß gibt man eine feingehackte Zwiebel dazu und achtet darauf, daß sie nicht verbrennt.

Leberwurst mit Spiegelei

kleine Mahlzeit, schnell und deftig

Ein geröstetes Weißbrot wird mit Butter und frisch geräucherter Leberwurst bestrichen, darauf kommt mit Pfeffer und Salz gewürztes Tomatenmark sowie in Scheiben geschnittene Zwiebel. Zuletzt wird diese leckere kleine Mahlzeit mit zwei Schinken-Spiegeleiern belegt und mit gehackter Petersilie bestreut. Ein frischer Salat paßt sehr gut dazu.

Fischgerichte

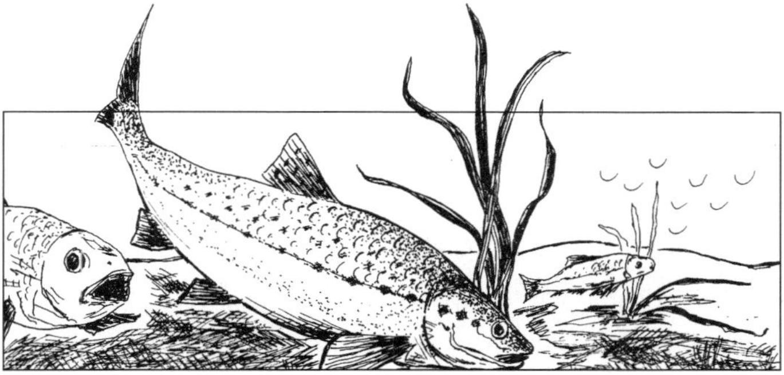

Inhalt | Seite

Inhalt	Seite

Dorsch-Suppe

Es werden für den Fischsud 3 große Zwiebeln, 1 Stück Meerrettichwurzel, ein Bund Suppengemüse (Möhren, Sellerie und Porree), Salz und 1 bis 2 Lorbeerblätter benötigt. Alle Zutaten setzt man ungefähr mit 2 1/2 Liter Wasser auf und läßt den Sud schön durchkochen.
1 größerer Dorsch wird gesäubert, gesäuert und gesalzen und in dem fertigen Sud gegart. Nun wird alles durch ein Sieb gegossen. Mit guter Butter wird eine helle Mehleinbrenne bereitet, die mit dem Fischsud abgelöscht wird.

Zum Verfeinern der Suppe kann man noch einen Schuß süße Sahne dazugeben und mit Salz, Pfeffer, gehackten Kräutern, wie Dill oder Petersilie, und einem Stück Butter abschmecken. Der Fisch wird von Gräten befreit und in kleineren Brocken unter die Suppe gehoben.

Heringskartoffeln

Zu diesem wohlschmeckenden Gericht werden Pellkartoffeln gekocht, abgezogen und in Scheiben geschnitten.

Der gewässerte Hering wird in fingerlange Stückchen geschnitten. In eine Backform gibt man Butter, legt die Kartoffeln darauf, dann die Heringsstückchen nebst einigen Flöckchen Butter, dann wieder Kartoffeln, und fährt so fort, bis die Form gefüllt ist; als letzte Lage natürlich Kartoffeln.

Dann nimmt man eine Tasse süße Sahne, verquirlt sie mit einigen Eiern, gibt etwas Salz und Pfeffer daran und gießt dieses über die Kartoffeln, schiebt die Form in den Backofen und bäckt eine Stunde lang.

Nach Belieben kann man auch zu dem Hering grobgewürfelten Schinken geben.

Heringe gebraten

Hierzu nimmt man besonders große, fette Heringe. Nachdem sie gut gewässert sind, schneidet man jede Hälfte in 2 Stücke, wälzt sie in Eiweiß und Semmelmehl und bäckt sie schnell in heißem Fett.

Das gibt eine schöne Beilage zu Kartoffelsalat. Zu Salzkartoffeln gibt man sie in eine Kapernsoße, indem man Mehl in Butter hellgelb röstet, mit Wasser aufkocht, Salz, Pfeffer, etwas Zitrone und zuletzt einige Kapern samt ihrem Essig beifügt.

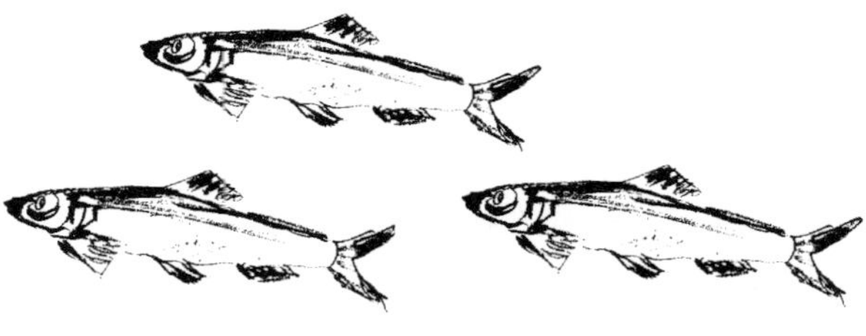

Gebratene Heringe sauer eingelegt

Die Heringe, ca 10 - 15 Stück, säubern, säuern und salzen, mit Mehl bestäuben und in sehr heißem Fett von beiden Seiten richtig schön goldbraun braten und zusammen mit dem Bratenfett in eine hohe Schüssel geben. Jetzt bereitet man einen Sud aus abgekochtem, erkaltetem Wasser, dem Essig, Salz und Zucker sowie 6 Pimentkörner und 1 bis 2 Lorbeerblätter hinzugefügt werden; er muß kräftig süß-sauer sein, sehr wichtig! Dieser Sud wird dann über die kroßgebratenen Heringe gegossen, der sie bedecken muß. Zum Schluß werden recht viel Zwiebelringe geschnitten, die als letzte Schicht in den Sud kommen.

Die eingelegten Heringe sollten 2 Tage durchziehen; sie schmecken vorzüglich zu Bratkartoffeln.

Bücklinge – gebraten

Man entferne Kopf, Eingeweide und Haut, schneide den Fisch längs des Rückens auf und teile ihn in zwei Hälften, wobei man die Gräten entfernt. Hierauf bestreut man die Fische mit etwas Pfeffer und brät sie in offener Pfanne rasch kroß und gar. Sind sie auf einer Seite braun, wende man sie um und schlage einige Eier darüber. Man kann die Bücklinge auch nur abgezogen ohne andere Zutaten braten. Dann paniert man sie in Mehl und Semmel und läßt das Ei fort. Kartoffelsalat schmeckt sehr gut dazu. Man kann auch geschnittene Zwiebeln mitbraten.

Scholle – gebraten

Die Schollen werden auf der weißen Seite ausgenommen, gut abgewaschen und geschuppt. Dann schneidet man sie, wenn sie groß sind, in Stücke und salzt sie, wendet sie in Mehl und Semmel und brät sie in hellbrauner Butter. Man kann Scholle auch wie andere Fische in Salzwasser kochen und holländische Soße und Meerrettich dazu geben.

Salzfisch-Eintopf

Dies ist ein seemännisches Eintopfgericht.
4 Pfund gekochte Kartoffeln werden gut durchgestampft, mit einer hellgelb geschwitzten Zwiebel und dem gekochten und feingehackten Salzfisch vermischt, zu einem Brei gerührt, Pfeffer und Salz daran getan und heiß angerichtet. Sehr zu empfehlen ist es, etwas geschnittenen und gebratenen Speck darunter zu mengen.

Fischbuletten

600 g Fischfilets werden gesäubert, gesäuert und mit 75 g durchwachsenem Speck und zwei Zwiebeln durch den Fleischwolf gedreht. Die Masse wird mit 2 Eiern, 3 Eßlöffeln Semmelbröseln und Gewürzen wie Salz, Pfeffer und Muskat vermischt. Daraus werden Buletten geformt, leicht mit Mehl bestäubt und in heißem Fett von beiden Seiten gebraten. Dazu kann man Petersilienkartoffeln und einen grünen Salat reichen.

Karpfen in Gelee

Nachdem die Karpfen sauber und in Stücke geschnitten sind, kocht man sie in Wasser mit etwas Weißwein vermischt, mit Pimentkörnern, Lorbeerlaub, Zwiebeln, Zitronenscheiben, Salz und Pfeffer gar, doch nicht zu weich und gibt die Stücke in eine mit kaltem Wasser ausgespülte Form, die man vorher mit Zitronenscheiben belegt.

Nun gießt man zu der Brühe schon vorher aufgelöste, weiße Gelantine (auf einen Liter Brühe 33 g), läßt es durchkochen und klärt die Brühe. Dies geschieht, indem man drei Eiweiß mit etwas Schale zu Schaum schlägt und dann in die kochende Brühe gibt. Nachdem der Schnee verkocht ist, gießt man etwas kaltes Wasser dazu und läßt es ein wenig stehen. Dann läßt man die Brühe durch ein feines Tuch laufen und füllt sie über die Karpfen.

Nach dem Erkalten kann man die Form stürzen. Das Gericht wird mit krauser Petersilie garniert.

Man kann den gekochten Karpfen auch mit einfachem Aspick übergießen oder ihn marinieren.

Karpfen blau

Der gereinigte und entschuppte Karpfen wird mit kochendem Weinessig übergossen und dann läßt man ihn zugedeckt erkalten, dadurch entsteht die blaue Färbung.
Dieses kann man aber unterlassen und dem Wasser beim Kochen etwas Essig zugeben.
Hierauf legt man ihn in kochendes Wasser, das scharf gesalzen ist, gibt Sellerie, Zwiebeln, 3 bis 4 Piment- und Pfefferkörner und Lorbeerblätter daran und läßt ihn garkochen.
Man reicht braune Butter und geriebenen Meerrettich dazu.
Manche lieben es, Schlagsahne mit etwas geriebenem Apfel unter den Meerrettich zu mischen. Dazu passen Petersilienkartoffeln.

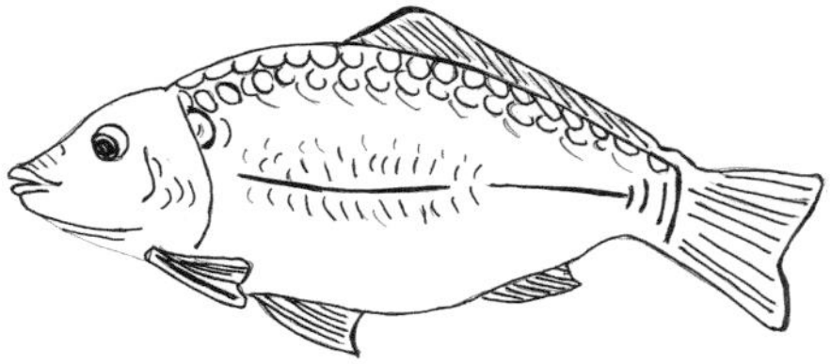

Grün gekochter Hecht mit Petersiliensoße

Der Hecht wird in Stücke geschnitten und mit Wasser, Salz, Möhren, Zwiebeln, Sellerie, Porree, Pfeffer, 2 bis 3 Pimentkörnern, Lorbeerlaub und einem guten Stück Butter aufgesetzt. Man rechnet auf 1 Pfund Fisch 100 g Butter.
Die Grätenseite des Fisches muß immer nach unten liegen. Sobald der Fisch beinahe gar ist, gibt man einen guten Teil gehackte Petersilie hinzu und macht die Soße mit hellgeschwitztem Mehl sämig. Einige Tropfen Essig hinzugefügt, geben der Soße einen kräftigen Geschmack.
Dazu werden Salzkartoffeln gereicht.

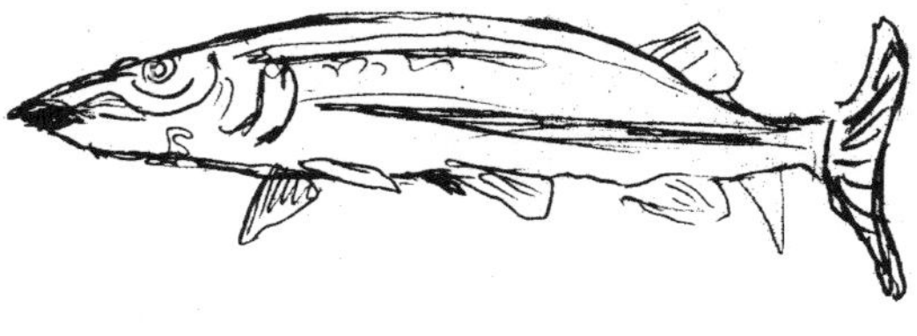

Brathecht

Zu Brathecht nimmt man nur die kleinen Hechte. Diese werden sauber zurechtgemacht und auf beiden Seiten mit kleinen Einschnitten versehen. Dann reibt man sie mit Salz ein, gibt Petersilie in den Leib der Fische, wälzt sie in Mehl und geriebener Semmel, und nun werden sie in Butter auf beiden Seiten gar und gelbbraun gebraten. Dazu reicht man Petersilienkartoffel mit klarer brauner Butter und Apfelsahnemeerrettich und als Beilage Gurkensalat oder geschmorten Rotkohl.

Schüsselhecht

Man schneidet einen mittelgroßen Hecht, nachdem er geschuppt und gereinigt ist, in Stücke und legt ihn mit zwei gewässerten Heringen, Zitronenscheiben, 3 bis 4 Zwiebeln, Pfeffer, 250 g Butter sowie geriebener Semmel schichtweise in einen Topf. Zwiebeln und Heringe werden sehr fein geschnitten. Nun läßt man den Fisch so lange dämpfen, bis er gar ist. Sollte die Soße noch nicht sämig genug sein, so muß etwas Mehl daran gequirlt werden.

Hecht mit Teltower Rüben

Der ganze Hecht wird in Salzwasser gegart. Die geputzten Rüben werden jedoch zuerst mit etwas Wasser und Butter halb weichgekocht. Dann gibt man von der Hechtbrühe daran, würzt mit Zucker, Muskatblüte sowie Pfeffer nach Geschmack und läßt die Rüben vollständig weichschmoren, zuletzt rührt man etwas braungeschwitztes Mehl darunter, um die Soße zu binden. Der Hecht wird auf einer Platte angerichtet, die Rüben ringsherum gelegt, so gibt man ihn zu Tisch. Nach Belieben kann man kleine Kartoffeln in Salzwasser gekocht, dazu reichen.

Grün gekochter Aal

Man setzt den geschnittenen Aal mit Wurzelwerk, Salz, etwas Essig, Zwiebeln, Gewürz, Pfeffer, einigen Salbeiblättern und Lorbeerblättern auf, gibt ein Stückchen Butter daran und läßt ihn garkochen. Dann macht man die Soße mit gequirltem Mehl sämig und gibt gewiegte Petersilie hinzu. Man kann auch die Butter fortlassen und die Soße mit Mehlschwitze sämig machen.

Gebratener Aal

Nachdem der Aal abgezogen und gut gereinigt ist, wird er in Stücke geschnitten, und diese werden mit Wasser, Weinessig, Zwiebeln, Gewürzen (Piment- und Pfefferkörner) und Salz gekocht. Man läßt den Fisch darin erkalten, trocknet ihn dann gut ab, wendet die Stücke in Eigelb, das mit Butter und geriebener Semmel verrührt ist.
Nun wird er bei großer Hitze gebraten. Zu diesem Gericht gibt man Gemüse, wie Blumenkohl und Schoten, sowie Remouladensoße oder Soße Robert.

Marinierter Aal

Der Aal wird abgezogen, einige Stunden in Wasser gelegt, eine Stunde gesalzen, in Stücke geschnitten, mit einem Tuch abgetrocknet, in feinem Öl gebraten und auf Löschpapier gelegt, bis er erkaltet ist. Zum Öl werden Schalotten, Zucker, Pfefferkörner, Muskatblüte, Lorbeerblätter und Zitronenscheiben gegeben und nun 1/4 Stunde mit soviel Weinessig gekocht, als nötig ist, den Aal zu bedecken.
Derselbe wird mit dieser heißen Brühe begossen und nachdem sie erkaltet, der Topf geschlossen.

Aalraupe, auch Quappe genannt

Dieser schmackhafte Fisch ist in den Monaten Dezember und Januar am besten. Besonders delikat sind Milch und Leber. Letztere wird hauptsächlich bei Ragout verwendet und vorher 8 - 10 Minuten im Wasser mit Gewürzen, Essig und Zwiebeln gekocht. Die Quappe selbst wird wie Aal zubereitet.
Man kann sie auch einfach in Wasser mit dem nötigen Gewürz und Essig abkochen und dann braune Butter oder eine beliebige Soße dazu reichen.

Aal-Roulade

Der Aal wird enthäutet (Kopf und Schwanz abgeschnitten) der Länge nach aufgerissen und entgrätet. Dann klopft man ihn glatt, bestreut ihn in wenig mit Salz, Pfeffer, gewiegten Zwiebeln, feinen Kräutern, gehackter Petersilie und rollt ihn, beim Schwanz beginnend, fest zusammen. Nachdem er mit Bindfaden verschnürt ist, kocht man die Roulade mit Wasser, Essig, etwas Zucker, Salz und Zwiebeln gar. Nach dem Erkalten schneidet man die Roulade zum Gebrauch in Scheiben. Man nimmt sie zur Garnierung von feinen Salaten oder als alleiniges Gericht mit einer pikanten kalten Soße.

Aal zu räuchern

Der Aal wird mit Sand oder Kleie gereinigt, sauber gewaschen, ausgenommen und 24 Stunden eingesalzen. Dann legt man den Aal 5 Minuten in kochendes Wasser, läßt ihn an der Luft trocknen und hängt ihn, am Kopf festgebunden, in eine Tonne.

Die Tonne ohne Boden wird auf Steine auf einen Herd gestellt oder über eine Vertiefung in der Erde. Dann macht man ein Feuer von Buchenholz oder Kohlen darunter und schüttelt, sobald es hell brennt, Sägespäne darauf.

2 bis 3-pfündige Aale räuchert man in 5 bis 6 Stunden, doch braucht in den letzten zwei Stunden die Glut nur noch sehr schwach zu sein. Überhaupt darf der Aal nie dem hellen Feuer ausgesetzt sein, sondern nur Glut unterhalten werden, die gleichmäßigen Rauch abgibt.

Auch räuchert man die Aale auf folgende Art:

Nach dem Reinigen legt man sie 24 Stunden in Salzlake, baut einen Herd aus Ziegeln und schüttet ihn mit Sägespänen voll. Um den Herd legt man Ziegel und stellt darauf einen Korb oder eine Tonne mit offenem Deckel. Durch den Deckel steckt man die an den Köpfen festgebundenen Aale und läßt sie dort 5 bis 7 Stunden im Rauch hängen, der durch Anzünden der Sägespäne gebildet wird.

Matjesfilet in Sahne

Eine Marinade wird aus folgenden Zutaten bereitet:
3 Becher süße Sahne, 3 bis 4 Lorbeerblätter, 1 Eßlöffel Zucker, 1 Prise Salz, einige Spritzer Essig-Essenz, schwarzen und weißen Pfeffer, 3 Pimentkörner, viele Zwiebelringe, 1 kleine Dose Ananas – vom Saft nur 1 bis 2 Eßlöffel voll in die Marinade geben. Jetzt die vorbereiteten 8 Matjesfilets, die in Streifen geschnitten wurden, in die Marinade legen und durchziehen lassen.

Quark mit Speck und Pellkartoffeln

500 g Speisequark werden mit Salz, etwas Pfeffer, einer feingehackten Zwiebel und 150 g ausgelassenem durchwachsenem Speck verrührt, dazu gibt es junge Pellkartoffeln, sauren marinierten Hering oder Matjes.

Senf-Pfeffer-Matjes

8 Matjesfilets werden mit scharfem Senf bestrichen und mit schwarzem Pfeffer bestreut. Danach werden sie in kleine Häppchen geschnitten und in ein Gefäß im Wechsel wie folgt geschichtet:
Matjes mit Zwiebelringen bedecken, 3 Pimentkörner und 1 kleine gehackte scharfe Gewürzgurke darauf verteilen und mit Öl aufgießen! Darauf kommt dann die nächste Schicht Matjes mit Zwiebelringen und so weiter. Die letzte Schicht sollte mit Zwiebeln, Gurke und Piment enden, darauf muß das Öl stehen. Nach 2 Tagen ist der Matjes richtig gut durchgezogen.
Er schmeckt sehr pikant, und es ist zu empfehlen, gleich eine größere Menge davon zuzubereiten.

Krebse

Die Krebse werden gewaschen und dann in einen Topf gegeben, der nur gerade so groß ist, daß sie darin Platz haben. Dann wird siedendes Wasser darauf gegossen, Salz und Kümmel dazu gegeben – nun alles 1/4 Stunde kochen lassen.

Danach wird das Wasser, bis auf einen Rest, abgegossen und Butter sowie eine Handvoll gewiegte Petersilie an die Krebse gegeben und für 15 Minuten auf einer heißen Stelle des Herdes stehengelassen, aber während dieser Zeit wird öfter umgeschwenkt. Auf diese Art zubereitet, werden die Krebse am saftigsten. Beim Anrichten stürzt man die Krebse mit der Butter-Sauce auf die Schüssel, legt dann die Krebse mit den Scheren nach dem Rand der Schüssel zu und bestreut sie mit Petersilienblätter. Krebse sind in der Zeit von Mai bis August am besten.

Hummer

Ein mittelgroßer Hummer, am besten ein Weibchen, wird in siedendem Wasser, dem man Salz und Kümmel zugesetzt hat, gekocht (je nach Größe 20 bis 50 Minuten).
Nach dem Erkalten wird er ausgebrochen: zuerst werden die Scheren abgebrochen, gespalten, und das Fleisch wird entnommen, dann wird der Hummer seiner Länge nach gespalten und das Fleisch möglichst groß aus dem Schwanz genommen.

Man gibt hierzu nur Essig und Öl, eine Mayonnaisen-Sauce oder folgende Sauce:

Die Hummerschalen werden fein zerstoßen, dann mit 1 Liter Fleischbrühe, etwas Zitronenschale, Estragon, Schnittlauch, Mohrrüben, Schalotten und Salz für 1 Stunde bei mäßiger Hitze gekocht. Die Hummereier, wenn vorhanden, werden mit 100 g frischer Butter und 2 Eßlöffel Mehl verrührt und mit der durchgesiebten Brühe sowie 4 Eigelb zur sämigen Sauce gekocht.

Lachs mit Soße

Der Lachs wird in Scheiben geschnitten. Dann legt man ihn drei Stunden in Salzwasser und kocht ihn, mit kaltem Wasser angesetzt, mit Salz, Pfeffer, 3 Pimentkörnern, Lorbeerblättern, Zwiebeln und etwas Muskatblüte.
Zuletzt wird eine in Scheiben geschnittene Zitrone darangegeben. Wenn der Lachs gar ist, wird er warm angerichtet und mit Salzkartoffeln und einer Remouladensoße oder einer holländischen Soße serviert. Auch schmeckt ausgelassene braune Butter sehr gut dazu.

Lachs gebraten

Der Lachs wird in Scheiben geschnitten und mehrere Stunden in eine Marinade von Kräuteröl, Zitronenscheiben, Pfeffer, Salz und feinen Kräutern gelegt. Danach wendet man die Stücke in geschmolzener Butter und brät sie unter stärkerer Hitze auf beiden Seiten gar. Von der Marinade kocht man eine kräftige Soße, indem man etwas starke Fleischbrühe dazugibt und diese über den angerichteten Lachs gießt.

Zubereitung von Obst und Gemüse

Inhalt Seite

Inhalt	Seite

Schmorgurken mit Soße

Man schneidet die Gurken (nachdem man sie vom Kopf zum Stiel herunter geschält hat) in fingerlange Stücken und salzt diese eine Stunde vor dem Kochen ein.
Dann setzt man sie mit etwas Wasser, Essig, Zucker auf und läßt sie fast gar kochen. Kochzeit etwa eine halbe Stunde. Nun werden die Gurken auf ein Sieb zum Abtropfen gegeben.
In der Zwischenzeit bereitet man eine ziemlich dicke Mehlschwitze von kleingeschnittenem Speck und füllt das Gurkenwasser, worin die Gurken gekocht wurden, dazu, läßt die Soße aufkochen und schmeckt mit Salz, Essig und Zucker kräftig ab. Zusammen mit den Gurken wird die Soße nochmals etwas durchgekocht.
Dazu schmecken Pellkartoffeln oder frisches Schwarzbrot mit Petersilienbutter – ganz nach Geschmack.

Zwiebel-Speck-Gurken

Große gelbe Gurken werden gesäubert und geschält, dann die Kerngehäuse entfernt und die Gurken in grobe Stücke geschnitten.
Mit Salz gewürzt, 2 bis 3 Stunden stehen lassen. Danach das Gurkenwasser abgießen und mit Pfeffer würzen.
Die grob geschnittenen Gurken kommen dann in einen Schmortopf oder eine Schmorpfanne mit ausgelassenem, durchwachsenem Speck und reichlich darin glasiggedünsteten Zwiebeln, auch können nach Belieben enthäutete Tomaten mitgeschmort werden.
Alles wird so lange unter häufigem Rühren geschmort, bis der Gemüsesaft verschmort ist. Reichlich mit gehackter Petersilie bestreuen.

Schmorgurken sind gesund und wohlschmeckend, sie passen zu Salzkartoffeln oder zu einem frischen Butterbrot. Dazu reicht man auch ein Stück geräucherte Mettwurst.

Himmel und Erde

Äpfel und Kartoffeln im Verhältnis von 500 g sauren Äpfeln zu 1000 g Kartoffeln werden benötigt.
Man gart geschälte Kartoffeln ungefähr 10 Minuten in schwach gesalzenem Wasser. Sind die Kartoffeln halb gar, so gibt man die geschälten, in Spalten geschnittenen, entkernten säuerlichen Äpfel dazu und läßt sie zusammen garkochen. Ist das Gericht fertig, brät man reichlich Speck aus, bereitet eine braune Mehlschwitze (2 Eßlöffel Mehl) und gießt alles über die Apfel-Kartoffelsuppe, dann kurz nochmals aufkochen lassen und mit Essig, Zucker und Salz nachwürzen. Es muß kräftig süßsauer schmecken. Dazu paßt geräucherte Lungenwurst, die in der Pfanne geschmort, gebraten oder auch nur gekocht wird – ganz nach Geschmack.

Wruckeneintopf

Geräucherte Rippchen, geräucherte Schweinebacke oder auch Hammelfleisch wird gut gewaschen und mit kaltem Wasser angesetzt und gekocht. Wenn es beinahe weich geworden ist, werden die in Würfeln geschnittene Wrucke (Steckrübe) sowie geschälte Kartoffelstücke hinzugetan und in der Fleischbrühe gargekocht.
Das Fleisch nimmt man nun heraus und macht mit braun geschwitztem Mehl die Suppe sämig. Läßt alles nochmals gut aufkochen und würzt evtl. mit Salz, einer Prise Zucker und auch Pfeffer ganz nach Geschmack nach.

Pilze mit Speck – gedämpft

Man bereitet die Pilze wie gewohnt durch Säubern, Putzen und Zerschneiden vor, dann belegt man den Boden einer Pfanne mit Speckscheiben und Zwiebelringen und würzt mit Petersilie, Thymian, 2 Pfefferkörnern, 2 Gewürznelken und 1 Lorbeerblatt. Nachdem die Pilzstücke dazugelegt sind, salzt man und dämpft sie unter Zusatz von Fleischbrühe etwa eine Stunde, bis sie gut durch sind.
Dazu können Pellkartoffeln oder frisches Weißbrot gereicht werden.

Pilze – gebraten

Die Pilze wie gewohnt vorbereiten, in wenig Salzwasser 15 Minuten kochen, danach in einem Sieb abtropfen lassen und wie mit den gebratenen Bohnen verfahren. Reichlich Petersilie zuletzt darüber geben.

Kluftkohl

Im Backofen werden 2 x 200 g durchwachsener Speck im Stück ausgebraten, dazu gibt man einen festen mittelgroßen, grob zerklufteten Weißkohl und zwei große grob zerschnittene Zwiebeln und läßt alles schön bräunen (sehr wichtig!). Dann löscht man den Kohl mit 1/2 bis 1 Liter heißem Wasser ab, gibt 2 bis 3 Pimentkörner und Salz dazu und läßt alles garen. Die Soße wird mit verquirltem Mehl angedickt. Dazu serviert man Salzkartoffeln.

Man kann in dem Kohl auch kleine Hackfleischklöße mitkochen lassen, schmeckt sehr deftig! Gehacktes wie gewohnt zubereiten. Der im Kohl gekochte durchwachsene Speck schmeckt erkaltet sehr pikant zu frischem Schwarzbrot, wenn er mit Pfeffer bestreut und mit Zwiebelringen belegt wird.

Grünkohl-Eintopf

In Mecklenburg wird Grünkohl gebrüht und grob zerkleinert, mit Spitzbeinen oder Geräuchertem (wie geräucherte Schweinebacke oder Lungenwürsten) und einer Handvoll Gerstengrütze und Kartoffeln gekocht. Wenn das Fleisch halb gar ist, den Grünkohl und die Grütze (abbrühen und mit kaltem Wasser nachspülen) hinzugeben, zuletzt die gekochten Kartoffeln. Mit einer Prise Zucker und Muskatnuß und Salz würzen. Grünkohl sollte stets vor der Ernte Frost bekommen haben, da er dadurch von seinem strengen Geschmack verliert.

Als Beilage gibt man entweder Kastanien, welche vorher gekocht, abgehäutet und in Butter gebraten sind, oder, wie es in Mecklenburg besonders Sitte ist, kleine runde, in Butter und mit etwas Zucker gleichmäßig hellbraun gebratene Kartoffeln.

Grünkohl mit Sahne

Grünkohl wird sehr sorgfältig gewaschen, von den Stielen gestreift, dann in siedendem, gesalzenem Wasser fast gar gedämpft, worauf man ihn abtropfen und abkühlen läßt, gut ausdrückt und dann nicht zu fein hackt. In reichlich Butter schwitzt man 3 bis 4 Eßlöffel Mehl, fügt dies und etwas geriebene Nußkatnuß dem Kohl hinzu und schwitzt ihn unter beständigem Rühren 12 bis 15 Minuten, rührt dann je nach dem Quantum 1/4 bis 1/2 Liter kochende, süße Sahne hinzu, fügt eine Prise weißen Pfeffer dazu und dünstet den Kohl noch eine halbe Stunde.

Rauchfleisch (Schweinebacke), geräucherte Rindszunge, geräucherte Lungenwurst, gekochter Schinken – ganz nach Geschmack und Angebot – sowie Salz - oder Röstkartoffeln serviert man zu dem Kohl.

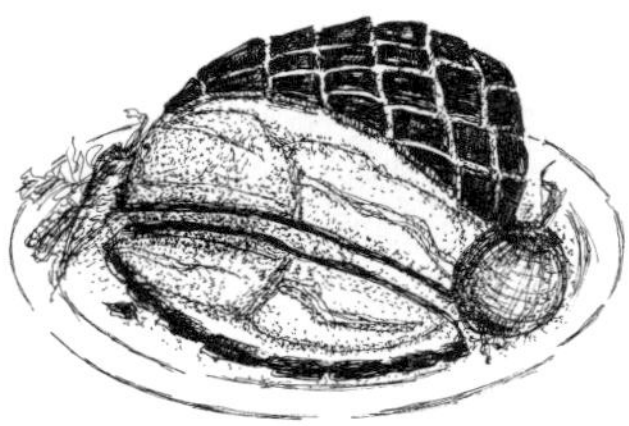

Rotkohl – geschmort

Ein großer Rotkohl wird geputzt, in zwei Hälften zerteilt, geviertelt und klein geschnitten. Dann wird er mit etwas kaltem Wasser aufgesetzt. Beginnt der Kohl zu schmoren, gibt man 1 bis 2 Eßlöffel Gänseschmalz, 1 große Zwiebel (grob zerteilt), einen geschälten, geviertelten säuerlichen Apfel, 3 Nelken und 2 Pimentkörner dazu. Nun wird häufiger umgerührt, bis der Kohl weich wird und zusammenfällt. Der Rotkohl schmort so lange, bis die Flüssigkeit verschmort ist. Zum Schluß wird mit Essig, Salz und Zucker gewürzt. Man kann auch ein Stück geräucherten Speck im Kohl mitschmoren lassen, er schmeckt dann noch herzhafter.

Rhabarberblüten als Gemüse

Daß der Rhabarber das erste frische Kompott liefert, ist bekannt, weniger bekannt aber ist, daß auch seine Blüte sozusagen das erste Gemüse liefert, wenn sie verwendet wird, solange sie noch in der Umhüllung sitzt. Sie wird herausgeschnitten, abgezogen und dann genau wie der Blumenkohl zubereitet, also in Salzwasser gekocht, und eine holländische Soße wird dazugegeben. Da die Rhabarberblüte etwas säuerlich schmeckt, paßt die Soße sehr gut dazu.

Weiße Bohnen mit getrockneten Pflaumen

Man kann 500 g weichgekochte Bohnen mit ebenfalls weichgekochten Pflaumen, 375 g, vermischen. Mit den Pflaumen kocht man eine Mettwurst oder Lungenwurst gar oder mischt zuletzt 100 g ausgebratenen Speck dazu. Nach Belieben kocht man Kartoffeln mit oder reicht sie dazu. Auch kann man zuletzt mit Essig und Zucker nachwürzen.

Bohnensalat mit Speck

500 g gegarte grüne Brechbohnen, 50 g Speck sowie 1 Zwiebel werden benötigt.
Aus wenig Wasser, einer Prise Zucker, Salz und Pfeffer und 1 bis 2 Eßlöffel Essig wird eine Marinade bereitet, die über die Bohnen gegossen wird. Speck- und Zwiebelwürfel werden goldgelb gebraten und über den Salat gegeben. Dieser herzhaft schmeckende Bohnensalat wird warm serviert.

Große (Sau-) Bohnen geschmort

Die Bohnen dürfen nicht zu alt sein, da sie sonst zu hart werden. Nachdem sie ausgepellt wurden, entfernt man die Keime und kocht die Bohnen in Salzwasser gar.
In der Zwischenzeit wird gewürfelter durchwachsener Speck ausgebraten, eine kleine Zwiebel mitgeschmort und ein Stück Butter hinzugegeben.
Die abgetropften Bohnen werden nun darin geschmort, mit Pfeffer und Salz abgeschmeckt und mit reichlich Petersilie bestreut.

Eine andere Art:

Die Bohnen werden in Salzwasser gekocht. Man bereitet eine helle Butter-Mehlschwitze für die Soße, die mit dem Bohnenwasser aufgefüllt wird, läßt sie sämigkochen und schmeckt mit Salz und Pfeffer ab. Mit reichlich Petersilie wird dieses Bohnengericht zu Salzkartoffeln und Klopfschinken serviert.

Brechbohnen – gebraten

Junge, grüne oder gelbe Brechbohnen waschen, in Salzwasser garkochen, abtropfen lassen und in eine Pfanne geben, in der reichlich Zwiebelringe in brauner Butter (auch durchwachsener Speck ist geeignet) gedünstet wurden, alles zusammen schön braten lassen und mit Salz und Pfeffer nach Geschmack würzen. Gewiegte Petersilie zum Schluß darüber streuen. Dazu kann man Pellkartoffeln und Salzhering reichen.

Saures Kartoffelgericht

Man gibt rohe, geschälte, in Scheiben geschnittene Kartoffeln in einen Topf, schneidet dazu ein bis zwei Zwiebeln, gibt Salz, Pfeffer, ein Lorbeerblatt hinzu und ein Stück geräuchertes Stück Schweinefleisch. Dies wird alles mit genügend Wasser gekocht, bis es weich ist. Ein Kochlöffel Mehl wird mit Essig angerührt und an das Gericht gegeben.

Brühkartoffeln

Rohe Kartoffeln werden geschält, in Stücke geschnitten und in Rind- oder Hammelfleischbrühe gargekocht. Man gibt ganzen Pfeffer, gehackte Petersilie und nach Belieben auch etwas Kümmel dazu.
Man kann auch die Kartoffeln erst in Salzwasser kochen und dann die Brühe daraufgeben.

Zuckerkartoffeln

Aus rohen, geschälten Kartoffeln sticht man mit einem Ausstecher kleine runde Kartoffeln. Diese kocht man eine Minute in Salzwasser und dann werden sie mit Butter, in die man etwas Zucker getan hat, gebraten.

Bratkartoffeln von rohen Kartoffeln

Die Kartoffeln werden geschält, in feine Scheiben geschnitten und roh in eine Pfanne mit siedendem Speckfett (auch Butter oder Margarine) gegeben.
Salzen nach Geschmack! Wenn die Kartoffelscheiben beginnen, gelb und knusprig auszusehen, gibt man gewürfelte Zwiebeln dazu, läßt sie noch ein Weilchen mitbraten und serviert dieses Gericht mit Rührei und frischem Salat.

Prinzeßkartoffeln

Pellkartoffeln pellen und in Scheiben schneiden. Dann eine helle Einbrenne zubereiten und diese mit saurer Sahne verrühren, dann gibt man gewiegten Hering, geschnittene Zwiebeln und Pfeffer dazu. In diese Soße schüttet man die Kartoffeln und läßt sie darin heiß werden.

Béchamel-Kartoffeln

Zuerst werden Pellkartoffeln gekocht, dann Speck und Schinken ausgelassen und etwas Butter dazugegeben. Drei größere Zwiebeln feinschneiden und in dem Fett dünsten. Nach Zugabe von zwei bis drei Eßlöffeln Mehl mit Milch löschen und mit Salz und Pfeffer abschmecken. Nun schneidet man die Pellkartoffeln in dünne Scheiben und rührt sie hinein, Dazu kann man ausgebratenes Bauchfleisch mit Zwiebelringen oder auch in Ei und Semmelmehl paniertes Bauchfleisch servieren.

Kartoffelsalat

Die am Vortag gekochten Pellkartoffeln werden gepellt und in feine Scheiben geschnitten. Man bereitet eine Mayonnaise vor (siehe Rezeptur unter Soßen) und gibt dahinein 1 größere gehackte Zwiebel, 3 kleine gehackte Gewürzgurken, 250 g gut gewürzten Fleischsalat sowie einen halben sehr fein geschnittenen Boskop-Apfel.
Dann verrührt man alles sehr sorgfältig, damit die Kartoffelscheiben nicht zerfallen und hebt zum Schluß gut ausgebratenen, fein gewürfelten Speck darunter. Der Speck gibt dem Salat die besondere rauchige Würze. Eventuell noch mit Salz, Pfeffer, Essig, und Zucker den Salat nachwürzen, er muß recht pikant schmecken.
Dazu passen Spiegeleier, Wiener Würstchen, Kotelett oder Schnitzel, gebratene Leber, Bratklopse oder auch gebackenes Fischfilet.

Marinade für einen grünen Blattsalat

Grüner, gut gewaschener und getrockneter Blattsalat wird mit einer Lösung aus Zucker und Essig oder Zitronenwasser mariniert. Kurz vor dem Servieren überfüllt man ihn mit ausgelassenem, gewürfeltem fettem Speck.

Marinade für einen Gurkensalat

2 bis 3 Salatgurken und eine größere Zwiebel werden geschält, fein geraspelt, gesalzen und für eine Stunde stehen gelassen. Das Gemüsewasser gießt man ab, und nun wird der Salat mit saurer Sahne angerichtet, die schön eben sein muß. Gewürzt wird mit Pfeffer und je nach Geschmack fügt man noch etwas Salz dazu. Feingehackter Dill wird zuletzt daruntergehoben.

Kürbisgemüse

Man schält den Kürbis, befreit ihn von den Kernen und Fasern, schneidet ihn in Streifen und brät ihn in Butter mit etwas Pfeffer recht weich. Dann gießt man dicke saure Sahne darüber und macht die Soße mit etwas Mehl sämig.

Eine andere Art:

Man schwitzt Zwiebeln in Butter und gibt den geschnittenen und gesalzenen Kürbis hinein. Dann setzt man Essig und Fleischbrühe zu und läßt den Kürbis darin dämpfen. Mit Mehl und Sahne eine sämige Soße bereiten.

Mus

Kürbis im Steintopf

500 g Kürbisstücke, 250 g Zucker, 1 Zitrone (Saft und Schale) einen Tag zugedeckt stehen lassen, dann den Saft abgießen, mit etwas Wasser und einigen Stückchen Ingwer und 5 Nelken einige Minuten kochen und schließlich darin die Kürbisstücke bis zum Glasigwerden garen. Zuletzt einen Schuß Essig zufügen, die Lösung darf nicht zu lasch schmecken. In einen Steintopf oder in Gläser geben, die nur zugebunden werden.

Birnen – süßsauer

1 1/2 kg Birnen, 1/2 l Essig, 375 g Zucker, 1/4 l Wasser und etwas Zimtrinde werden benötigt.
Den Sud mit den Gewürzen kurz aufkochen, die geschälten, geviertelten Birnen darin garen lassen. Die Früchte in Gläser füllen, den Sud 30 Minuten weiterkochen (bei offenem Topf) und über die Birnen gießen. Nach drei Tagen den Saft nochmals aufkochen und heiß in die Gläser füllen. Nach dem Abkühlen die Gläser mit Einkochfolie schließen. Die Birnen schmecken vorzüglich zu jedem Braten.

Zwiebelgurken

Acht bis zehn Gartengurken abschälen, in fingerdicke Scheiben schneiden, in einer Schüssel mit einem Eßlöffel Salz und drei Eßlöffeln Zucker verrühren und ein bis zwei Stunden ziehen lassen. Dann zwei Teile Essig und einen Teil Wasser mit Senfkörnern, Lorbeerblatt, drei bis vier geschnittenen Zwiebeln, einem Stück Meerrettich sowie Dill aufkochen und über die abgegossenen Gurkenscheiben verteilen. Nun alles eine Viertelstunde auf kleinster Flamme ziehen und anschließend abkühlen lassen.
Nach einigen Stunden sind die Gurken bereits durchgezogen und schmecken vorzüglich.

Essiggurken im Steintopf

Gurken waschen und einige Stunden ins Wasser legen, dann in Steintöpfe mit dazwischen gestreuten Pfefferkörnern, Schalotten (kleine Perlzwiebeln) und reichlich Dill schichten, Senfkörner in ein kleines Leinenläppchen binden und obenauf legen.
Abgekochtes, starkes Essigwasser (Verhältnis wie auf dem Etikett der Essigflasche angegeben) zusetzen, mit Salz und Zucker abschmecken, abkühlen lassen und über die Gurken gießen. Ein Brettchen oder einen Teller zum Beschweren darüber legen.
Nach einigen Tagen den Essig nochmals aufkochen und abgekühlt über die Gurken füllen.

Zuckergurken

Grüne Gurken schälen und in fingerlange Stücke schneiden, diese in leicht kochendem Salzwasser einmal aufwallen lassen und auf ein Sieb geben zum Abtropfen.
Auf 2 kg Gurken, 1 l Essigwasser (Verhältnis von Wasser und Essig beachten, nicht zu scharf), 500 g Zucker, 10 Stück Zimt und 4 Nelken geben.
In diesem Essigsud die Gurken einige Minuten kochen lassen, dann die Gurken in Gläser schichten und den eingekochten Sud noch warm darüberfüllen. Nach drei Tagen den Essig abgießen, nochmals aufkochen und erkaltet über die Gurken gießen. Die Nelken entfernen, da sie die Gurken fleckig machen!
Gläser gut zubinden und kühl aufbewahren.

Dillgurken im Steintopf

1 Schock Gurken (60 Stück) ohne Druckstellen, 6 l Wasser, 1 bis 2 l guten Essig, 320 g Salz, reichlich Dill und Sauerkirschblätter.

Gurken eine Nacht im Wasser liegen lassen, danach gut bürsten und trocknen. Steintopfboden mit kleingeschnittenem Dill belegen und evtl. Blätter der Sauerkirsche dazugeben. Darauf eine Schicht Gurken legen usw. im Wechsel verfahren, bis alle Gurken eingeschichtet sind.

Die oberste Schicht soll mit Dill und Sauerkirschblättern bedeckt sein. Die vorher erwärmte Lake, die nicht aufgekocht, aber gut verrührt sein muß, darübergießen und das Ganze abdecken und mit einem Stein beschweren, so daß die Lake darüber zu stehen kommt.

Der Steintopf soll zuerst noch warm stehen, dann kommt er in den kühlen Keller oder an einen kühlen Ort. Diese Gurken schmecken hervorragend.

Salzgurken

Gurken 12 - 24 Stunden in kaltes Wasser legen, abtrocknen und mit Weinlaub, reichlich Dillblüten, Meerrettich und Zwiebeln fest in einen Steintopf schichten. Eine Salzlösung zubereiten (50 g Salz auf 1 l Wasser), diese zum Kochen bringen und heiß über die Gurken gießen.
Kühl stellen!
Die obere Flüssigkeitsschicht von Zeit zu Zeit abfüllen.

Pikanter Knoblauch

250 g geschälte Knoblauchzehen, je 1 Teelöffel Pimentkörner, Pfefferkörner, Senfkörner, Lorbeerblatt, Peperoni, 1 Stück Ingwerwurzel, 2 Eßlöffel Zucker, 1/2 Teelöffel Salz, 1/8 l Weinessig und 1/8 l Rotwein werden benötigt. Alle Zutaten werden in einem Topf für 3 Minuten zum Kochen gebracht, heiß in Schraubgläser gefüllt und fest verschraubt. Der Gewürzknoblauch schmeckt sehr pikant und paßt vorzüglich zu jedem Braten.

Pfefferbohnen

500 g Brechbohnen werden warm gewaschen und in Gläser gelegt oder hoch gestellt, darauf werden kleine Zwiebeln, 1 Stiel Dill, 1 Lorbeerblatt, 1 Teelöffel Senfkörner und 1 Stiel Bohnenkraut geschichtet.

Ein Sud wird wie folgt zubereitet und aufgekocht:
1/2 l Wasser, 1 gehäufter Teelöffel Pfeffer oder Pfefferkörner, 1 - 2 Peperoni, 1 gestrichener Teelöffel Salz, 2 Eßlöffel Zucker und 2 Eßlöffel Essig-Essenz oder 5 Eßlöffel Weinessig und über die Bohnen gefüllt.
Eine Stunde Weckzeit bei 100°C.

Rohe Kirschen im Steintopf

Auf 5 kg Kirschen kommen 2 1/2 kg Zucker, 1 Tasse Rum und 5 g Salizyl (Einmachschutz).

Nachdem die Kirschen gewaschen sind, müssen sie gut abtropfen und werden ausgesteint. Man vermengt sie in einem Gefäß mit Zucker, Rum und Salizyl, läßt alles 24 Stunden stehen und verrührt dann gut, bis der Zucker vollkommen aufgelöst ist und sich reichlich Saft gebildet hat. Dann füllt man die Menge in ein großes Gefäß (am besten Steintopf), legt Salizylpapier obenauf und bindet den Steintopf luftdicht zu.

Die Früchte behalten eine sehr schöne Farbe und sind vollmundig im Geschmack, zu jeder Zeit ein Frischegenuß, lecker zu Speisen und Krems, im Kuchen und im Gläschen Rum, auch zu Eis und Schlagsahne sehr zu empfehlen.

Marmelade im Steintopf

1 kg Frucht, 1 kg Zucker ist das Verhältnis zum Einkochen für diese wunderbare, fruchtig schmeckende Marmelade. Die Frucht wird je nach Angebot zerkleinert, mit dem Zucker vermischt und so lange stehen gelassen, bis sie anfängt zu saften. Dann ca. 10 Minuten kochen lassen und ein Päckchen Einmachschutz, auch Gurkenfrisch, unter die kochende Masse rühren. Alles in einen Steintopf füllen und nun so, wie das Obst im Laufe des Jahres geerntet wird, auffüllen. Jetzt wird der Zucker aber nicht im Verhältnis 1 : 1 verwendet, sondern auf ein Pfund Frucht kommt ein halbes Pfund Zucker, alles wird wieder aufgekocht und auf die kalte Marmelade in den Steintopf gefüllt.
Alles gut umrühren und wieder zubinden. Es ist nicht nötig, nochmals Gurkenfrisch zu verwenden – ein Päckchen Gurkenfrisch reicht für 4 kg Früchte.

Essigpflaumen

Frisch gepflückte reife Pflaumen säubert man und entfernt die Stiele. Für 2 kg Pflaumen kocht man 1 kg Zucker und 3/4 l Weinessig mit 8 g Stangenzimt und 8 g Nelken auf und gießt diese Flüssigkeit über die Früchte, die über Nacht durchziehen müssen.

Am nächsten Tag wird der Essig abgegossen, erneut aufgekocht und über die Pflaumen gefüllt. Am dritten Tag legt man die Pflaumen in den kochenden Essig, bis sie platzen, füllt sie dann in die Gläser, läßt den Essig aber noch dicker einkochen und gießt ihn erst dann über die Früchte, welche sich darin sehr lange halten.

Diese Pflaumen sind eine delikate Beilage zu Fleischgerichten jeder Art.

Apfelgelee

2 kg säuerliche Äpfel waschen und vierteln, das Kerngehäuse entfernen und mit 1 1/2 l Wasser weichkochen. Den Saft durch ein feines Sieb ablaufen lassen. Dann je 1/2 l Saft mit 1/2 kg Zucker so lange kochen, bis er dick wird (ca. eine 3/4 Stunde). Dann abschäumen und heiß in die Gläser füllen. Nach dem Erkalten fest zuschrauben. Das Gelee hält sich sehr lange – oder auch nicht, weil es sehr lecker schmeckt.

Mergenthal's Quittengelee

2 kg Quitten gut waschen, ungeschält in Stücke schneiden (evtl. Blume entfernen) und in einen Kochtopf geben, knapp mit Wasser bedecken und ca. 1/2 Stunde kochen und 1/2 Stunde leicht sieden lassen. Das Aroma dieser einzigartigen Frucht entfaltet sich so vollkommen. Nach dem Kochen wird alles durch ein Sieb gegeben, der Saft mit Zucker (1:1) verrührt und zu Gelee eingekocht.
Der Gelierungvorgang dauert ca. 2 Std. Die Mühe lohnt sich – Quittengelee ist eine fruchtige Delikatesse.

Gö.'97

Speisen, Leckereien und Getränke

Inhalt	Seite

Inhalt Seite

Götterspeise Mecklenburger Art

Etwas Butter in der Pfanne zerlassen, 200 g geriebenes Vollkornbrot und 2 Eßlöffel Zucker darin rösten, 1/4 Liter Schlagsahne mit etwas Zucker steif schlagen. Die Sahne abwechselnd mit den ausgekühlten Brotkrümeln und entsteinten Sauerkirschen (oder auch anderen säuerlichen Früchten) in eine Schüssel schichten.
Mit Kirschen verzieren und kühl stellen. Ein erfrischender Genuß.

Sahne-Dessert à la Oma Else

Kakao-Brot-Sahne-Dessert, echt »Mecklenburger Art«.
1/2 l süße Sahne steif schlagen, Schwarzbrot reiben und darunter Kakao und Zucker mischen je nach Geschmack.
In einer hohen Glasschüssel werden die Sahne und die Brotkrümelmischung abwechselnd geschichtet, obenauf eine Sahneschicht. Je nach Belieben kann mit Früchten und Zitronenmelissenblätter garniert werden.

Brotspeise mit Äpfeln
Bettelmannstorte

Roggenbrot wird gerieben und mit Streuzucker, etwas gestoßenen Nelken und gestoßenem Zimt vermengt.

Dann schmort man geschälte, in Viertel geschnittene Äpfel mit wenig Wasser, Zucker und Korinthen. In eine gut gebutterte Speiseform füllt man eine Schicht von dem Brot, legt einige Stückchen Butter darauf, füllt die Äpfel darauf und legt eine Schicht von dem Brot darüber.

Dann legt man wieder einige Stückchen Butter obenauf und bäckt die Speise im Ofen eine halbe Stunde, auch länger, bis sie braun ist. Man stürzt sie auf eine Schüssel und bestreut sie mit Zucker.

Zitronenauflauf

8 Eigelb werden mit Zucker recht verrührt, zuletzt der Saft von 2 Zitronen, die feingeriebene Schale derselben, dazu das Weiße der Eier zu Schnee geschlagen, locker daruntergerührt, in eine Form getan und gebacken.

Speise von saurer Sahne

2 Eigelb quirlt man tüchtig mit 1/2 Liter saurer Sahne, 50 g Mehl, etwas Zucker, einigen geriebenen süßen Mandeln und dem Abrieb der Schale von einer Zitrone. Dann gibt man den Eiweißschnee dazu, füllt alles in eine Form und backt die Speise bei mäßiger Hitze. Diese Speise ist sehr zu empfehlen.

Bratäpfel – gefüllt

Man nehme 6 große Äpfel von einer mürben, nicht zu süßen Sorte, höhle sie vorsichtig aus, ohne die Stielseite zu verletzen. Man stelle sie auf diese Seite in eine gut gebutterte Auflaufform, fülle in die Höhlung je einen Kaffeelöffel voll Zucker, Korinthen und Johannisbeergelee, obenauf setzt man eine Butterflocke und streut etwas Zucker darauf.
Die Äpfel sollten vorher mit Wasser bestrichen werden, das verhindert das Schwarzbrennen.
Bei ca. 180 Grad werden die Äpfel 30 bis 40 Minuten im Ofen gebacken. In der Vorweihnachtszeit sind sie eine leckere Nascherei.

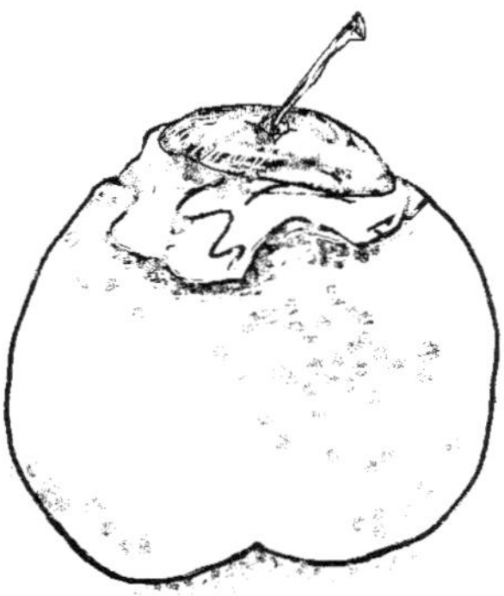

Ausbackteig in heißem Fett zu backen

1/8 l Milch, 125 g Mehl, 2 ganze Eier und eine Prise Salz zusammen gut verrührt, ergibt einen Ausbackteig, der sich für geeignetes Obst wie Banane, Pfirsich, Äpfel und Birnen sowie auch für Fischfilet sehr gut eignet.

Schneekönigin

1/4 l süße Sahne wird so lange geschlagen, bis sie schön fest ist, dann rührt man löffelweise 125 g nicht zu fein eingekochtes Apfelmus darunter. Kalt stellen und als Dessert servieren. Man kann mit Zitronenmelisse garnieren oder auch bittere Schokolade darauf raspeln.

Gebrannte Mandeln

1 Pfund Zucker, 1 Pfund Mandeln. Letztere werden in einer Serviette gründlich abgerieben; darauf schüttet man sie in einen Topf , in dem sie glühend heiß werden müssen; gleichzeitig kocht man in einer Kasserolle den mit etwas Wasser befeuchteten Zucker so lange, bis kein Wasserteilchen mehr darin ist, schüttet nun die heißen Mandeln in den kochenden Zucker und rührt sie fortwährend, bis sie anfangen zu knacken.

Bei guter Hitze sind die Mandeln in einer Viertelstunde gebrannt. Nun werden sie auf eine große Schüssel oder ein Blech geschüttet, schnell einzeln auseinandergemacht und mit Backpapier zugedeckt, damit sie den Glanz nicht verlieren.

Honigkuchen

1/2 Liter guten Honig, knapp je 1/2 Teelöffel gestoßener Zimt, gestoßene Nelken, englisch Gewürz, 50 g feingeschnittenes Zitronat, 15 süße und 5 bittere Mandeln (kleingeschnitten oder abgerieben), etwas Hirschhornsalz und etwas Pottasche, beides fein gestoßen, 5 ganze Eier, 1 1/2 Pfund gutes Roggenmehl. Dies alles wird eine halbe Stunde tüchtig gerührt und in einer gut ausgestrichenen Form bei mäßiger Hitze 1 bis 1 1/2 Stunden gebacken. Dies ist eine gute Pfefferkuchentorte, die sich lange hält.

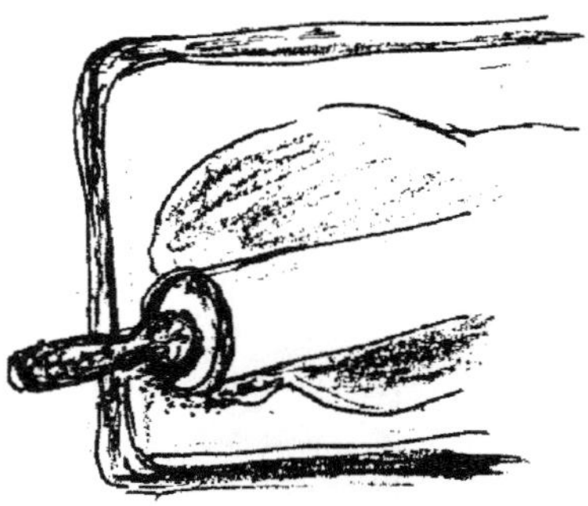

Einfache Bonbons

3/4 Pfund Zucker, Zitronensaft, Zimt, 1 Teelöffel Butter, 1 Eßlöffel Milch, etwas Grieß und Kartoffelmehl werden zusammen in einem Topf etwa 20 Minuten lang abgebrannt, bis die Masse dick wird und sich vom Topf löst. Dann streicht man die Masse auf ein Brett und wenn sie etwas abgekühlt ist, schneidet man kleine viereckige Bonbons davon.

Kaffee-Bonbons

Zucker und Butter wird wie in nachfolgendem Rezept gekocht, dann setzt man ein Weinglas voll sehr starken Kaffee und ebenso viel frische Sahne hinzu und verfährt weiter wie bei den Schokoladenbonbons.

Schokoladenbonbons

250 g Hutzucker läßt man mit 100 g frischer Butter unter beständigem Umrühren zehn Minuten in einem Pfännchen kochen und setzt ein bis zwei Tafeln Schokolade, die man in drei Eßlöffeln Wasser zergehen ließ, hinzu, läßt die Masse nochmals unter ununterbrochenem Rühren zehn Minuten kochen: wenn es stark schäumt, ist es bald fertig.

Die Masse muß so sein, daß, wenn man einen Tropfen davon in kaltes Wasser fallen läßt, dieser sogleich hart ist.

Die Masse gießt man auf Blech-, Marmor- oder Porzellanplatten, die man gleichmäßig, aber schwach mit feinem Öl bestrichen hat.

Ist die Masse erkaltet, so teilt man sie mit einem spitzen Messer in gleichmäßige Bonbonstücke.

Auflauf mit Nüssen

30 frische Nüsse werden mit der Haut gestoßen (gemahlen), 300 g Weißbrot in Milch geweicht und ausgedrückt, 1/4 Pfund Butter sahnig gerührt und dies alles zusammengegeben, nebst 6 Eigelb, 1/4 Pfund Zucker und einer halben Tasse süßer Sahne. Zuletzt wird der Schnee der Eiweiße daruntergehoben, alles in eine Form getan und eine Stunde gebacken. Man gibt eine Chaudeausoße dazu.

Chaudeausoße:
1/4 Liter guten Weißwein, Zucker, etwas gequirltes Mehl dazu und dann 2 Eigelb angequirlt darunterheben, alles kurz aufkochen lassen. Je nach Geschmack kann man auch den Saft und den Abrieb einer Zitrone dazugeben.

Bierspeise

Die Schale einer Zitrone wird mit etwas Wasser (ein reichlicher Tassenkopf) und 100 g Zucker gekocht.
Dann nimmt man die Schale heraus und gibt den Saft der Zitrone, 1 Flasche Weißbier und 20 g Gelatine hinzu. Dies gibt man in eine Glasschale, es schmeckt wie Weingelee.

Bierteig

Mehl wird mit Bier verrührt, man sollte dabei beachten, daß der Bierteig dicker ist als Eierkuchenteig.
Mit Salz und einer Prise Zucker würzen, einige Tropfen Öl dazugegeben und zum Schluß den Eischnee von zwei Eiklar unter den Teig rühren. Gebacken wird goldgelb in reichlich heißem Öl.

Johannisfeuer

1 Flasche schwarzer Johannisbeermost, 1 Zitrone, 1/4 Liter Rum, 1 Eßlöffel Zucker und 1 Flasche Sekt gemixt, werden zu einem fruchtigen Erlebnis zum Fest der Sommersonnenwende in der Johannisnacht vom 23.6. zum 24.6.

Höllentrank

2 Flaschen Bockbier, 4 Gläschen Rum, 1 Prise Salz und Pfeffer werden gut gemixt serviert.

Schwarze Phantasie

1 Flasche trockenen Rotwein, 12 Würfelzucker und 12 Kaffeebohnen mischen und für einen Tag stehen lassen, durchsieben und servieren.

Nachtschwärmerpunsch

1 Flasche Rotwein, 75 g Zucker, 1/2 Flasche Kirschlikör, 1/2 Flasche Wodka, 1/2 l starker schwarzer Tee, Zimt, Nelken und Zitronenscheiben werden benötigt. Alles für 10 Minuten durchkochen lassen und heiß servieren.

Kalte Ente

Zitronensaft und Zucker (je nach Bedarf) mit Weißwein begießen, dahinein dünne Zitronenschalenringe von unbehandelten Zitronen geben und zugedeckt ziehen lassen. Kühl stellen und vor dem Anrichten mit Sekt auffüllen. Erfrischend!

Holundersekt

10 Holunderblüten, 1 kg Zucker, 3 Zitronenmelissenblätter, 1 unbehandelte Zitrone in Scheiben geschnitten, 40 g Weinstein oder 1/4 l Weinessig sowie 10 l Wasser werden benötigt.
Wasser, Zitrone und Zucker werden zusammen aufgekocht. Erkalten lassen! Dann die gewaschenen Holunderblüten und die Zitronenmelisse sowie den Weinstein dazugeben, gut durchrühren und 24 Stunden ruhen lassen. Danach die Flüssigkeit durch ein sauberes Sieb gießen. Abgefüllt wird in Flaschen, die mit festsitzendem Verschluß zu verschließen sind (Schraubverschlüsse oder Korken).
Das Getränk muß noch 6 Tage in der Küche, danach 6 bis 8 Tage im Keller oder an einem anderen kühleren Ort stehend aufbewahrt werden, bevor es getrunken werden kann.
Erquickend frisch ist dieser Holundertrunk!

Holunderlikör

3 Pfund schwarze reife Fliederbeeren (Holunder) werden gut gewaschen und mit einer Gabel von den Stielen befreit. In 1 1/4 l Wasser werden sie 1 Stunde gekocht und dann durchgesiebt.
Mit 1 1/2 Pfund Zucker, 2 Vanillezucker und einer in Scheiben geschnittenen Zitrone läßt man alles nochmals für 1/2 Stunde durchkochen. Dann durch ein Sieb gießen, kalt werden lassen, mit 1/2 Liter Prima Sprit vermischen und abfüllen.

Grog

Man vermischt 2/3 einer Flasche guten Arraks mit 1 1/2 Liter kochendem Wasser und 3/4 Pfund Zucker. Nach Belieben kann man mehr oder weniger Wasser nehmen.

Mecklenburger Punsch »1887«

Man nehme 1 Flasche guten Tee, 4 Flaschen feinen roten Franzwein (Französischer Rotwein), 1 Flasche Portwein, 1 Flasche Kognak, 1/2 Flasche Madeira und zwei Pfund Zucker, worauf 2 Zitronen abgerieben werden.
Diese Originalrezeptur von 1887 beinhaltet ein hohes Quantum an Zutaten, man sollte es für den Personenkreis neu berechnen, der sich zum Punschgenuß einfinden soll.

Glühwein

Man kocht einen Liter Rotwein mit einigen Nelken, etwas Zimt, Zitronenschalen und 1/2 Pfund Zucker und gießt ihn durch. Er muß heiß genossen werden. Man kann dem Rotwein auch etwas Wasser zusetzen.

Teepunsch

Eine Flasche heißer, nicht kochender Rotwein und 1 1/2 Liter starker chinesischer Tee werden auf 20 bis 25 Stück Würfelzucker gegossen und vor dem Auftragen mit 1 1/2 Weinglas bestem Arrak versetzt.

Noch ein Punschrezept:
1 bis1 1/2 Pfund Zucker, der Saft von 3 bis 4 Zitronen und 1/2 Liter Rum werden mit so viel kochendem Wasser verdünnt, wie man wünscht. Man kann 2 1/2 bis 5 Liter davon zubereiten.
Der Punsch wird heiß genossen und in Gläser gefüllt. Durch verschiedene Zutaten kann man ihn veredeln, z.B. durch Wein, allerlei Fruchtsirup und Vanille.
Zum kalten Punsch darf nur wenig Wasser kommen, weil Wein dessen Stelle vertritt.

Kuchen, Gebäck
Naschereien

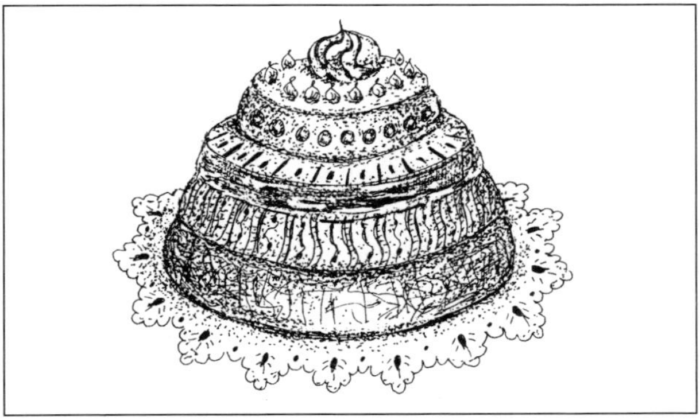

Inhalt Seite

Inhalt	Seite

Apfelkeulchen

750 g Kartoffeln kochen, erkalten lassen und reiben. 500 g Äpfel schälen und schnitzeln und mit 3 Eßlöffel Mehl und 1 Teelöffel Salz sowie je einen Eßlöffel voll Butter und Korinthen verrühren. Aus dem Teig werden flache Keulchen geformt, sie werden von beiden Seiten in der Pfanne in reichlich heißem Öl knusprig braun gebacken, mit Zucker bestreut und sogleich serviert.

Rutsch in de Pann

4 Eier, 4 gehäufte Eßlöffel Zucker, 1/8 l saure Sahne, 1 Eßlöffel Öl, 300 g Mehl, 2 Teelöffel Backpulver nacheinander in eine Schüssel geben und gut verrühren. Den Teig löffelweise in heißes Fett geben und über schwachem Feuer von beiden Seiten abbacken. Noch warm mit Puderzucker bestreuen. Nach Belieben können Apfelscheiben mitgebacken werden, es kann aber auch Apfelmus mit Schlagsahne dazu gereicht werden.

Großmutters Schlupfkuchen

1 Tasse Mehl, 1 gestrichener Teelöffel Backpulver, eine 3/4 Tasse Zucker, 2 Päckchen Vanillezucke, 3 Eier, 6 Eß-löffel Öl, Saft einer halben Zitrone und deren Abrieb und 500 g geschälte und in kleine Stücke geschnittene, säuerli-che Äpfel werden benötigt.

Eier, Zucker und das Öl werden schaumig gerührt, dann hebt man vorsichtig das Mehl mit dem Backpulver darunter, und zuletzt werden die Äpfel mit Vanillezucker und Zitro-nensaft sowie der Abrieb einer unbehandelten Zitrone in den Teig gerührt.

In der Backform wird der Teig mit ausgelassener, gold-gelber Butter bestrichen und bei Mittelhitze 45 Minuten gebacken.

Apfelbaldautschen

Man rühre 65 g Butter zu Schaum und dann 3 Eidotter, 100 g Mehl, 125 g Zucker, etwas Zimt, 1/4 l Milch und zuletzt den Eiweißschnee zu einem Teig. Lasse nun in einer Pfanne Butter schmelzen, fülle einen großen Eßlöffel voll Teig hinein. Sowie sich der Teig etwas verdichtet, lege man Apfelschnitten, Sultaninen und die feingeschnittene Schale von unbehandelten Zitronen darauf.
Dann kommt wiederum etwas Teig darauf und nun backe man an beiden Seiten so lange, bis die Apfelbaldautschen schön braun sind. Heiß, als Dessert serviert, schmeckt dazu Vanillesoße mit Schlagsahne.

Plinsen auf Königin Art

25 g Hefe in 3/4 l lauwarmer Milch auflösen, 1 Prise Salz, 1 Eßlöffel Zucker, 2 bis 3 Eier und 375 g Mehl dazu geben, alles schön verrühren und zum Gehen warmstellen. 500 g Äpfel (klein geschnitten) werden mit Rosinen vermengt und zum Schluß unter den Teig gerührt. In einer Pfanne, die mit Speck eingerieben wurde, werden nun die Plinsen auf beiden Seiten goldgelb gebacken.
Mit Butter bestrichen und mit Zimtzucker bestreut, sind sie dann servierfertig.

Schürzkuchen – hausgebacken

Man nimmt 8 gut geschlagene Eier, 200 g Zucker und gibt vier Löffel ausgeschmolzene Butter hinein, auch etwas Zitronenschale, Kardamom und Zimt nach Belieben. Dann knetet man soviel Weizenmehl in den Teig, daß er sich ausrollen läßt. Aus diesem Teig schneidet man Streifen, macht ein Loch in die Mitte und schürzt sie, bäckt sie in Schmalz hellbraun und bestreut sie mit Zucker.

Apfeltorte

150 g Mehl, 1/2 Teelöffel Backpulver, 150 g Butter, 50 g Zucker, 2 Eidotter und 3 Eßlöffel Milch werden zu einem lockeren Teig zusammengerührt. Mit dem Teig belegt man den Boden sowie die Seitenwände einer Tortenform und backt ihn bei Mittelhitze ab.
In der Zwischenzeit werden die benötigten Äpfel mit Butter und etwas Rum, Zucker, einer Messerspitze Zimt und einigen Rosinen geschmort, bis sie nicht mehr suppig sind. Dann kommen sie auf den vorgebackenen Boden und werden mit dem Eischnee, der zusammen mit 100 g Zucker sehr steif geschlagen wurde, überzogen. Die Apfeltorte wird nun bei mäßiger Hitze ca. 15 bis 20 Minuten gebacken.

Apfelstrudel

Man benötigt: 100 g flüssige Butter, 1/8 l Milch, ein Pfund Mehl, 70 g geriebene Semmel in 100 g Butter besonders geröstet, 1/4 Pfund Zucker, 1/4 Pfund Korinthen, 1/4 Pfund Rosinen, 1/4 Pfund süße Mandeln, 100 g flüssige Butter, 1 Ei.

Ei, Butter, Mehl und warme Milch werden zusammengerührt, bis ein weicher Strudelteig entsteht.

Der Teig wird geschlagen wie Blätterteig. Ein Schmortopf wird vorher heiß gemacht und über den Teig gesetzt, derselbe muß 10 Minuten stehenbleiben.

Nun legt man ein Tuch auf den Tisch, bestreut es mit Mehl und rollt den Teig darauf dünn aus, streut gestoßenen Zimt, gibt Apfelscheiben, Korinthen, Rosinen, Mandeln, die in Butter gerösteten Semmeln, ferner Zucker mit Zimt und geriebener Semmel verbunden und gebräunte Butter hinzu; nun legt man erst ein Stückchen Teig darüber, fängt an zu rollen, indem man das Tuch anfaßt und rollt es auf ein gebuttertes Blech. Bei langsamer Hitze muß er eine Stunde backen.

Zitronenkuchen

500 g Margarine, 250 g Zucker, 4 Eier, 500 g Mehl, 1 Päckchen Backpulver, den Abrieb und den Saft von 2 großen Zitronen benötigt man für diesen besonders safti-gen Topfkuchen.

Fett, Zucker und Eier werden schaumig gerührt, dann alle übrigen Zutaten, bis auf den Zitronensaft, zum Teig ver-rühren, er muß schön sahnig gerührt werden.

Der Teig kommt in eine gefettete Kastenform und wird bei Mittelhitze ungefähr 50 Minuten gebacken.

Ist der Kuchen fertig, werden viele Löcher in den Kuchen gestochen (Stricknadel) und der Saft von 2 großen Zitronen mit 125 g Puderzucker verquirlt, über den Kuchen verteilt, so daß er in die Löcher einziehen kann.

Dieser Topfkuchen schmeckt hervorragend und ist sehr zu empfehlen.

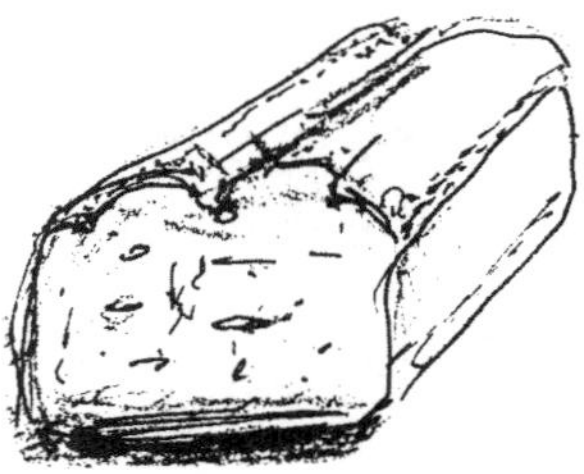

Amerikaner

100 g Margarine, 100 g Zucker, 2 Eier, 1 Prise Salz, 1 Päckchen Sahnepuddingpulver, 3 Eßlöffel Milch, 250 g Mehl und 3 gestrichene Teelöffel Backpulver werden benötigt. Der Teig wird zubereitet und auf ein gefettetes Backblech häufchenweise verteilt.

Die Backzeit beträgt 15 Minuten bei Mittelhitze.

Nach dieser Zeit wird die heiße Oberfläche mit Milch bestrichen, einziehen lassen!

Das heiße Gebäck wird gewendet und die Unterseite mit Zuckerguß versehen, so wird dann der »Amerikaner« auch serviert.

Hefe-Pflaumenkuchen

Einen Hefeteig bereitet man aus 375 g Weizenmehl, ca. 30 g Hefe, 50 g Zucker, 1 Päckchen Vanillezucker, 1 Prise Salz, 1 Ei, 200 ml lauwarmer Milch und 50 g zerlassener, abgekühlter Butter. Alles wird gut verrührt und verknetet, den Teig dann an einem warmen Ort ruhen lassen, bis er aufgegangen ist. Dann nochmals gut durchkneten, auf ein gefettetes Backblech ausrollen und mit etwa 2 kg gesäuberten und entsteinten blauen Pflaumen belegen und zuckern, nochmals gehen lassen, dann den Kuchen in den vorgeheizten Backofen (50 Grad) schieben und 10 Minuten die Temperatur halten, dann auf 200 bis 220 Grad Elektroofen (Gas Stufe 4 - 5) hochschalten und 20 bis 30 Minuten backen lassen.

Danach den Kuchen bei geöffnetem Backofen noch etwas ruhen lassen. Zum Schluß den ausgekühlten Kuchen nochmals mit Zucker bestreuen.

Tag- und Nachtkuchen

Zwei ganze Eier, je 300 g Zucker, Mehl und Margarine sowie ein Päckchen Backpulver sind zum Teig zu verarbeiten. Von fünf Eiweiß wird Eischnee geschlagen und unter den Teig gehoben. Zwei Drittel des Teiges verteilt man jetzt übers ganze Blech. Das übrige Drittel wird mit Kakao vermengt.
Es wird in Klecksen auf dem hellen Teig verteilt. Walnußstückchen werden auf diese Kleckse gelegt.
Nach dem Backen kommt auf den warmen Kuchen ein viertel Liter heiße Milch. Nun noch alles abkühlen lassen und einen Schokoladenguß darauf verteilen.
Der Kuchen ist zu jeder Tag- und Nachtzeit ein willkommener Genuß für Schlemmerer.

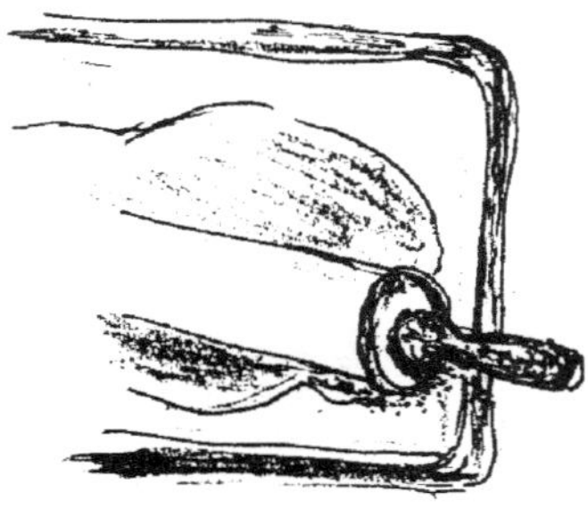

Kalte Schnauze, Igel oder Kalter Hund

250 g Palmin langsam schmelzen lassen, inzwischen 2 Eier und 2 Tassen Zucker schaumig rühren und 1 Tasse Kakao vorsichtig unterheben. Je nach Geschmack kann auch etwas Kaffeepulver dazugegeben werden.
Nach und nach wird dann das flüssige Palmin unter diese Schokoladenmasse gerührt. Eine mit Backpapier ausgelegte Kastenform wird abwechselnd mit einer Schicht Schokoladenmasse und einer Schicht Butterkekse gefüllt. Die letzte Schicht sollte Schokoladenmasse sein, die mit Mandelstiften garniert werden kann.
Man kann auch mit einer Gabel über die Schokoladenmasse streichen, so daß ein Muster entsteht. Die Kekstorte im Kühlschrank erkalten lassen und dann servieren.

Tortenboden mit Quarkfüllung

150 g Butter, 100 g Zucker, 200 g Mehl, 1 Eigelb, 2 Eßlöffel Milch, 1 Teelöffel Backpulver, Zitronenabrieb einer unbehandelten Zitrone, 2 bittere Mandeln – gehackt oder gemahlen. Butter, Milch und Zucker mit Eigelb verrühren und das gesiebte Mehl und alle übrigen Zutaten dazugeben. Beliebig mit Obst belegen oder mit einer Quarkfüllung.

Belag für eine Quarktorte:
750 g Quark, 200 bis 250 g Zucker, 60 g Mondamin oder Kartoffelmehl, 2 Eier, 100 g flüssige Butter, Zitronenabbrieb, 1 gestrichenen Teelöffel Backpulver, 75 g Korinthen. Die Eier trennen, Eigelb und alle Zutaten nacheinander zum Quark rühren und zum Schluß den mit einem Löffel Zucker geschlagenen Eischnee darunter rühren. Alles auf den Tortenboden füllen und bei Mittelhitze ungefähr 50 bis 60 Minuten backen.

Haferflockenkuchen

150 g Mehl, 150 g Haferflocken, 150 g Zucker, 50 g Fett, 5 Eßlöffel Milch, 1 Eßlöffel Mondamin oder Kartoffelmehl, 1/2 Teelöffel Natron oder Backpulver.
Die Masse auf dem Boden der Springform ausrollen, mit Marmelade oder in Butter geschmorten Äpfeln bestreichen, dann die andere Teighälfte in Streifen schneiden und in Gitterform über die Frucht legen.

Brötchen

250 g Quark, 250 g Mehl, 4 Eßlöffel Öl, 4 Eßlöffel Milch, 1 Prise Salz, 1 Backpulver und 1 Ei werden benötigt. Alles gut verrühren, Brötchen formen, etwas platt drücken und auf das Backblech geben.
15 Minuten Backzeit, der Teig reicht für 12 Brötchen.

Armer Ritter

Weißbrote, von denen die Rinde abgeschnitten wird, werden in Scheiben von 2 cm Stärke geschnitten und mit Milch angefeuchtet, oder man nimmt geröstete Zwiebacke.
Von 3 ganzen Eiern, 3 Eigelb, 3 Eßlöffeln Mehl und etwas Salz wird mit Milch ein dickflüssiger Eierkuchen gerührt, die Semmelscheiben darin umgewendet und schnell in kochendem Salzwasser gekocht. Dann läßt man sie abtropfen, bestreut sie mit Vanillezucker und richtet sie schichtweise an, wobei man dazwischen in Butter geröstete, geriebene Semmel gibt. Man kann die »Armen Ritter« auch in Backfett ausbacken, doch dann kommt Zucker in den Teig.

»Armer Ritter« auf andere Art:
Weißbrotscheiben werden in Milch, die mit einigen Eigelb verquirlt ist, eingeweicht, in geriebener Semmel gewälzt und in Butter auf beiden Seiten braun gebraten. Man gibt eine Vanille- oder Obstsoße dazu.
Auch kann man die armen Ritter noch einfacher bereiten, indem man gerösteten Zwieback in Milch weicht, sie in Ei und Semmel wendet und dann in Butter brät. Sie werden mit Zucker und Zimt bestreut.

Heidesand

500 g Butter wird leicht gebräunt und kaltgerührt, dazu gibt man langsam 625 g Zucker, 1 Vanillezucker, 750 g Mehl, 1 Teelöffel Hirschhornsalz, rührt alles gut durch und gibt den Teig in kleinen Häufchen auf das Backblech.
Bei Mittelhitze goldgelb abbacken.

Kleine Mürbekuchen

Ein Pfund Mehl, 375 g Butter, 100 g Zucker, zwei ganze Eier, zwei Eigelb, zwei Eßlöffel Wasser werden gut zu einem Teig durchgeknetet, zu dünnen Würstchen gerollt und diese schneckenförmig zu Plätzchen geformt.
Bei schwacher Hitze werden sie gebacken. Nach dem Backen bestreicht man die Kuchen sofort mit Eigelb, läßt sie aber noch im Ofen, wodurch sie ein schönes Aussehen erlangen.

Prasselkuchen

200 g ausgelassene Butter, 200 g Zucker, 375 g Mehl, der Schnee von drei bis vier Eiweiß, ein klein wenig Zimt und Zitronenschale werden zusammengerührt, dann wird eine Messerspitze Bullrich- oder Hirschhornsalz (Ammonium) zum Teig gegeben. Dieser wird auf einem Backblech messerrückendick ausgerollt und mit Streuseln bestreut.
Zu letzterem nimmt man 125 g ungesalzene, geschmolzene Butter, 200 g Mehl, 100 g Zucker und etwas feinen Zimt. Man rührt dies alles durcheinander, bis kleine Kügelchen entstehen. Der Kuchen wird nun in längliche Streifen geschnitten und bei mäßiger Hitze gebacken.
Es ist gut, am Ofen stehenzubleiben, um die fertigen Stücke gleich fortnehmen zu können. In Blechbüchsen aufbewahrt, bleibt der wohlschmeckende Kuchen lange praßlich.

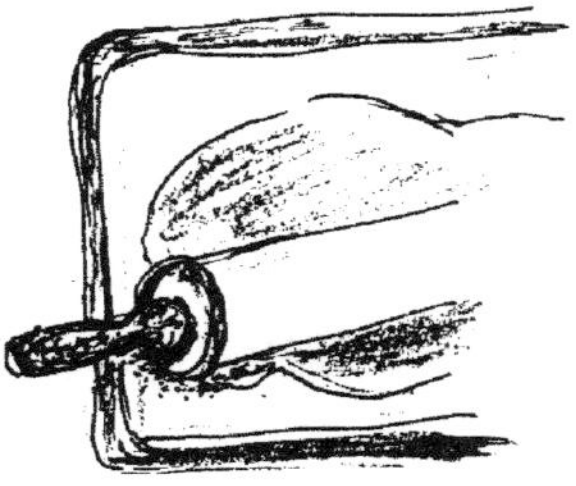

Abgeriebener Napfkuchen

1 Pfund Butter wird sahnig gerührt, dann gibt man nach und nach 10 Eier, 1 1/2 Pfund Mehl, etwas abgeriebene Mandeln und abgeriebene Zitronenschale sowie 50 bis 80 g Hefe dazu. Dies wird in eine gut ausgestrichene Form getan und im mäßig heißen Ofen gebacken.

Blitzkuchen

250 g Butter oder Margarine, 250 g Zucker, 4 Eier, 350 g Mehl, 2 Teelöffel Backpulver werden benötigt. Alles wird zum Teig verrührt, in eine gefettete Springform gegeben, mit Mandelblättchen und Zucker bestreut. Bei Mittelhitze ungefähr 40 Minuten backen, bis der Kuchen goldgelb ist.

Grießplätzchen

500 g Grieß, 300 g Zucker, 6 Eßlöffel Mehl, 2 Eier, Milch, 1 abgeriebene unbehandelte Zitrone, 1 Vanillezucker und 1 Päckchen Backpulver. Alles gut verrühren und in Häufchen auf das Backblech setzen.

Wickelkuchen

1/2 Pfund tags zuvor gekochte, geschälte und geriebene Kartoffeln, 3/4 Pfund Weizenmehl, ein walnußgroßes, zerlassenes Stück Butter, 2 Eßlöffel Zucker, etwas Mandelessenz, 1 Backpulver und 1/4 Liter Milch werden zusammengerührt. Man knetet die Masse tüchtig auf einem Backbrett und rollt den Teig mit einem Mangelholz gleichmäßig aus. Er darf nicht zu dünn ausgerollt werden. Dann bestreicht man ihn mit Marmelade oder Marzipan, wickelt ihn auf, formt die Rolle vorsichtig zum Kranz, legt ihn auf ein gefettetes Blech und backt ihn eine Stunde im mäßig heißen Ofen.
Zum Abschluß kommt eine Zuckerglasur auf den Kranz, oder er wird mit reichlich Puderzucker bestreut.

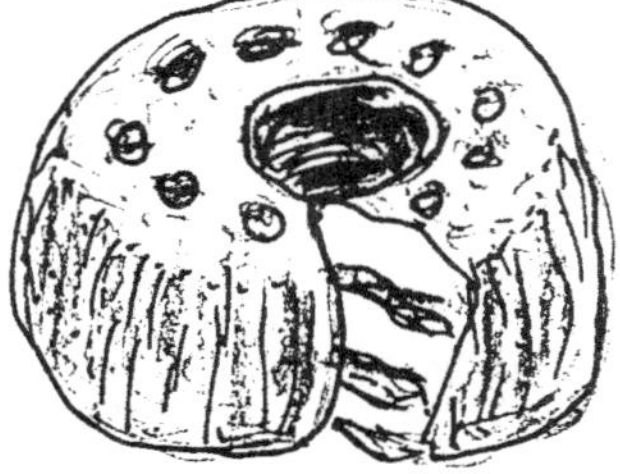

Weiße Pfeffernüsse

500 g Mehl, 250 g Zucker, 250 g Butter, 2 Teelöffel Backpulver, 250 g Mandeln, 1 Ei, 1 Eßlöffel süße Sahne und der Saft sowie der Abrieb einer unbehandelten Zitrone werden zu einem Teig verrührt, ausgerollt, ausgestochen und auf das Backblech gegeben, bei Mittelhitze goldgelb gebacken.

Eine andere Art:

2 Pfund Kokosraspeln, 2 Pfund Mehl, 2 Pfund Margarine, 5 Eier, 2 Päckchen Backpulver, 4 Päckchen Vanillezucker, 1 1/2 Pfund Zucker, 1/4 l Milch werden benötigt. Alles kalt zusammenkneten und mit einem Teelöffel den Teig auf das gefettete Backblech geben. Bei Mittelhitze goldgelb backen.

Braune Pfeffernüsse mit Sahne

2 Pfund Mehl, 1 Pfund Zucker, 1 1/2 Pfund Butter, 1/4 Liter süße Sahne, 1 1/2 Pfund Sirup, 4 Zitronen, 20 g Pottasche werden für diese leckeren Pfeffernüsse benötigt. Der Teig sollte kühl stehen und unbedingt etwas ruhen, nach Originalrezept 1 bis 14 Tage. Nach Bedarf kann man immer eine beliebige Menge abbacken.

Eine andere Art:

Pfeffernüsse mit Mandeln

Man benötigt 1 1/2 Pfund Schmalz, 1 Pfund Margarine, 1 1/2 Pfund Sirup, 2 Pfund Zucker, 1 Tasse süße Sahne, 4 Pfund Mehl, 50 g Natron (in einer Tasse Rosenwasser aufgelöst) Saft und den Abrieb von 2 Zitronen , 1/2 Pfund süße gehackte Mandeln, Zimt- und Nelkenpulver nach Geschmack und Sukkade.

Wasserkringel

500 g Mehl, 150 g Zucker, 2 Eier, 250 g Margarine, 1 Tasse lauwarme Milch, ca. 40 g Hefe sowie der Abrieb und der Saft von einer Zitrone werden benötigt.
Bis auf den Zucker wird der Teig verrührt und zu einem Kloß geformt. Diesen Kloß legt man in ein lauwarmes Wasserbad, das ihn bedecken muß. Darin läßt man ihn liegen, bis er aufreißt und nach oben kommt. Der Hefeteig wird nun mit dem Zucker verrührt, ausgerollt und mit herzhaft fruchtiger Konfitüre bestrichen oder mit einer Butter-Zimt-Apfel-Rosinenfüllung belegt. Ist dies erfolgt, wird er zusammengerollt und auf das gefettete Backblech gelegt. Bei Mittelhitze ca. 40 bis 50 Minuten backen lassen, er muß eine schöne goldgelbe Farbe haben. Man kann ihn mit Zuckerguß bestreichen oder mit Puderzucker bestreuen.

Nußtorte

300 g gemahlene Nüsse, 3 Eßlöffel Mehl, 7 Eier, 1 Teelöffel Backpulver, 200 g Zucker werden benötigt. Eigelb und Zucker werden cremig gerührt, dann werden die Nüsse, das Mehl und zum Schluß der steife Eischnee daruntergehoben. Bei mittlerer Hitze backt diese Torte 1 Stunde.

Trüffel

50 g Butter, 200 g Kakao, 400 g Puderzucker, 1/8 l süße Sahne, 1 Vanillezucker, Rumaroma oder ein Gläschen Rum und 1 Tüte Krümelschokolade werden für diese Nascherei benötigt. Alles gut kneten, Kugeln formen und mit Krümelschokolade bedecken.

Obstboden

125 g Fett, 125 g Zucker, 3 Eier, 200 g Mehl und 2 gestrichene Teelöffel Backpulver werden benötigt. Bei mittlerer Hitze wird der Obstboden abgebacken.

Tortenboden

75 g Fett, 75 g Zucker, 150 g Mehl, 1 Teelöffel Backpulver, 1 Päckchen Vanillezucker, 2 Eßlöffel Milch und 3 Eier werden benötigt. Der Teig wird bei Mittelhitze abgebacken.

Belag für eine Aprikosen-Sahne-Torte:
2 Päckchen Sahnepudding mit 1/2 l Milch kochen und mit 3 Bechern saurer Sahne verrühren. 500 g Aprikosen kleinschneiden und unter den Sahnepudding heben. 45 Minuten Backzeit bei 200 Grad. Zum Schluß einen Tortenguß über den Kuchen geben und mit Schlagsahne garnieren.

Buttermilchkuchen

2 Tassen Zucker, 3 Eier, 2 Tassen Buttermilch, 3 Eßlöffel Öl, 4 Tassen Mehl, 1 Backpulver zum Teig verrühren und auf ein gefettetes Kuchenblech geben. 1 Tasse Zucker, 2 Tassen Kokosraspeln mischen und auf den Teig geben. Nach dem Backen, bei Mittelhitze ca. 30 bis 40 Minuten, 200 g flüssige Butter auf dem Kuchen verteilen.

Stachelbeerbaisertorte

250 g Mehl, 1 Backpulver, 180 g Margarine, 90 g Zucker, 4 Eigelb, Abrieb einer halben Zitrone und 4 Eßlöffel Milch zum Teig verrühren.

Dann wird der Eischnee mit 250 g Zucker steifgeschlagen und mit 500 g rohen, noch unreifen Stachelbeeren verrührt und auf den Teig gegeben.

Die Backzeit beträgt 50 Minuten, nach 20 Minuten mit Backpapier abdecken, damit die Baisermasse nicht zu dunkel wird.

Rhabarberkuchen

500 g Mehl, 1 Backpulver, 175 g Margarine, 125 g Zucker, 1 Prise Salz, 1 Vanillezucker, 3 Eier, 3 Eßlöffel Milch und 1 kg Rhabarber für den Belag werden benötigt. Den Teig zubereiten und auf das gefettete Backblech bringen.

Zum Belag schneiden wir 1 kg Rhabarber in Stücke, geben 250 g Zucker darüber und lassen ihn saften (über Nacht). 3/8 l Saft wird benötigt, um damit einen Vanillepudding zu kochen. Zu der heißen Puddingmasse gibt man 1/16 Liter saure Sahne, 50 g Butter und 3 Eier und rührt alles kurz und kräftig durch.

Den vorbereiteten Rhabarber auf den Teig geben und darauf die Pudding-Creme füllen. Bei Mittelhitze etwa 40 Minuten Backzeit, danach wird der Kuchen mit heißer Butter beträufelt und mit Puderzucker bestäubt.

Waffeln von dicker saurer Sahne

Man benötigt 250 g feines Mehl, 1/2 Teelöffel Backpulver, 3/8 l dicke saure Sahne (Schmand), 6 Eier, etwas Zitronenschale oder Muskatblüte und einen kleinen Schuß guten Rum.

Man rührt abwechselnd nach und nach Eidotter, Sahne, Mehl und Gewürz, mischt den sehr steifen Schnee der Eier nebst dem Rum unter und backt, ohne den Teig stehen zu lassen, sofort die Waffeln bei mäßiger Hitze gelb und bestreut sie warm mit Zucker und Zimt.

Aus dieser Menge erhält man, in einem großen Waffeleisen gebacken, 14 bis 15 Waffeln.

Sie schmecken vorzüglich und sind sehr zu empfehlen!

Die Waffeln mit Heidelbeerkonfitüre bestrichen und mit Schlagsahne bedeckt, sind ebenfalls ein Genuß.

Heißwecken

Zutaten für 25 Stück: 500 g Mehl, 50 g Zucker, 50 g Margarine, 50 g Hefe, 50 g Magermilchpulver, 150 g Korinthen, 200 ml Milch, 1 Prise Salz und 1 Päckchen Vanillezucker werden zu einem Teig verarbeitet. Daraus werden Teigstücke wie Brötchen geformt, die plattgedrückt und 15 Minuten im Backofen bei 200 Grad gebacken werden.
Die Wecken läßt man dann abkühlen und bereitet inzwischen eine Füllcreme aus 1/2 l Milch, 1 Päckchen Puddingpulver mit Vanillegeschmack und 180 g Butter oder Margarine.
Die abgekühlten, noch warmen Wecken werden nun mit der Creme gefüllt und mit Puderzucker bestreut.

Urgroßmutters Tips quer durch den Haushalt

Kartoffeln
setzt man zum Kochen mit kaltem Wasser auf, eine Messerspitze voll Butter dazugeben verhindert das Überkochen.

Stampfkartoffeln
schmecken kräftiger, wenn man feingehackte Zwiebeln unterrührt. Butter, Muskatnuß sowie geriebener Käse je nach Geschmack, verfeinern ebenfalls dieses Kartoffelgericht.

Pellkartoffeln
nach dem Kochen mit kaltem Wasser übergießen, dann lassen sie sich leichter pellen.
Im Leinenbeutel auf schmerzende Gelenke gelegt, lindern und helfen sie.

Kartoffelsalat
bereitet man aus Pellkartoffeln, die völlig erkaltet sind, so lassen sie sich besser in Scheiben schneiden und zerfallen dabei nicht.

Pilze
sollte man nur unter fließendem Wasser waschen, sonst nehmen sie zuviel Feuchtigkeit auf.

❧

Räucherfisch
schmeckt wie frisch aus dem Räucherofen, wenn er vor dem Servieren im Backofen erwärmt wird.

❧

Hartgewordener Schnittkäse
wird wieder frisch und läßt sich gut schneiden, wenn er für einige Zeit in frische Milch gelegt wird.

❧

Salz
bleibt trocken, wenn man ein paar Reiskörner in den Salzstreuer gibt.

❧

Braunfärbung von geschnittenen Äpfeln
verhindert man, indem purer Zitronensaft und etwas Zucker auf das geraspelte oder in Scheiben geschnittene Obst geträufelt wird.

Blumenkohl

bleibt weiß, wenn dem Kochwasser etwas Milch zugegeben wird.

❧

Rosenkohl

erst nach dem Kochen salzen, er kann sonst grau werden.

❧

Bratwürste

vor dem Braten in kalte Milch legen, dann platzen sie nicht und bleiben schön saftig.

❧

Butter

verbrennt in der Pfanne nicht so schnell, wenn man etwas Speiseöl dazugibt.

❧

Eiweiß

gerinnt nicht beim Einrühren in heiße Speisen, wenn man es vorher mit etwas kalter Milch anrührt und beim Einrühren in die Soße oder Suppe den Topf vom Herd nimmt.

Kocheier
platzen nicht, wenn man sie mit kaltem Wasser, dem man einen Schuß Essig beigibt, aufsetzt.

❧

Spargel
entfaltet sein Aroma beim Kochen mehr, wenn man eine Prise Zucker in das Kochwasser gibt.

❧

Bierflecken
entfernt man mit Spiritus und Wasser zu gleichen Teilen, indem man die Flecken damit abtupft.

❧

Blutflecken
werden mit kaltem Wasser ausgewaschen, bevor man wie gewohnt wäscht.

❧

Stockflecken
entfernt man, indem die Fleckenstellen in verdünnten Essig oder auch in Buttermilch gelegt werden. Gut mit klarem Wasser ausspülen.

Brandflecken

in Textilien reibt man mit Essigwasser aus oder beträufelt sie mit purem Zitronensaft, läßt einwirken und wäscht mit klarem Wasser gründlich aus.

❧

Eiflecken

werden mit Salz oder mit Essigwasser ausgerieben.

❧

Fettflecken

in feinen Stoffen reibt man mit einem Brei aus Wasser und Stärkemehl ein, läßt alles trocknen und bürstet aus.

So geht es auch:

Etwas Backpulver auf den Fettfleck streuen, anfeuchten, trocknen lassen und ausbürsten.

Fettflecken in Stricksachen werden durch Mineralwasser entfernt.

❧

Cognacflecken

in Textilien reinigt man mit 96%igem, im Wasserbad erwärmtem Alkohol.

Harzflecken

reibt man mit Spiritus ein und sie verschwinden.

Soßen- und Ölflecken

in der Kleidung lassen sich auswaschen, indem man sie vor der Wäsche mit Geschirrspülmittel einreibt.

Erdbeerflecken

reibt man mit Borax und etwas Salmiakgeist aus und spült mit reichlich klarem Wasser aus.

Fruchtsaftflecken

muß man sofort bearbeiten, indem man sie mit Salz bestreut und mit heißem Wasser auswäscht.
Bei weißen Geweben kann man auch ausgepreßten Zitronensaft pur darauf geben.

Likörflecken

verschwinden, wenn man sie vor der Wäsche mit verdünntem Spiritus eingerieben hat.

Rotweinflecken

in Tischdecken werden sofort mit Salz bestreut und mit dem frisch ausgepreßten Saft einer Zitrone behandelt, danach wie gewohnt waschen.

Sektflecken

in wollenen Kleidungsstücken behandelt man mit lauwarmem Wasser, dem man einen Schuß Salmiakgeist beigegeben hat.

Teerflecken

werden mit Butter behandelt.

Wachsflecken

in Textilien werden beim Bügeln mit Löschpapier belegt, darüber wird dann gebügelt, bis der Fleck verschwindet.

Wasserflecken

auf Holz werden aus einer Mischung zu gleichen Teilen von Öl, Essig und Wasser entfernt.

Parfümflecken
behandelt man mit verdünntem Salmiakgeist.

❧

Schweißflecken
in der Kleidung behandelt man vor der Wäsche mit lauwarmem Essigwasser oder mit verdünntem Salmiakgeist.

❧

Schmierfettflecken
werden mit Kartoffelmehl bestrichen; einwirken lassen und ausbürsten und wie gewohnt waschen.

❧

Fettflecken auf Buchseiten
entfernt man, indem man ein wenig Pottasche auflöst, diese mit einem Pinsel vorsichtig auf die Flecken aufträgt, trocknen läßt und dann vorsichtig abreibt.

❧

Fliegen und Mücken
hält man fern, indem man kleine Sträuße von Zinnkraut in das Fenster hängt.

Fischgeruch

an Händen verschwindet durch das Abreiben mit Zitronensaft. Beim Braten von Fisch gleichzeitig Malzkaffee in einem offenen Tiegel kochen.

❧

Haare

werden schön glänzend, wenn man dem letzten Spülwasser Essig oder Zitronenwasser zugibt.

❧

Bier

kann auch als Haarfestiger Verwendung finden, es festigt und kräftigt das Haar. Die Menge von einem gefüllten Schnapsglas genügt für eine Anwendung.

❧

Gesichtsmaske

1 Eigelb, 1/2 Teelöffel Öl, 1 Eßlöffel Milch und einige Tropfen Zitrone zusammengerührt wird als Maske auf Gesicht und Hals gestrichen. Diese Maske läßt man 3 bis 5 Minuten einwirken und spült sie mit reichlich kaltem Wasser wieder ab. Die Maske wirkt sehr straffend und belebend.

Eichenmöbel

frischt man durch Abreiben mit einem weichen Tuch, das zuvor in warmem Bier getränkt wurde, wieder auf.

❧

Guten Zimmerduft

erhält man, indem stark duftende Rosenblätter in ein Gefäß gestopft werden, ohne sie zu beschädigen. Schichtweise werden sie mit Salz bestreut, zuletzt gießt man ein wenig Weingeist darauf und verschließt das Gefäß fest. Aufbewahrt wird es an einem kühlen Ort. Die später geöffnete Flasche sollte einige Zeit in dem zu durchduftenen Zimmer stehenbleiben.

❧

Lederschuhe

die weiße Feuchtränder in der nassen Jahreszeit bekommen, werden mit der Schnittfläche einer Zwiebel eingerieben und danach wie gewohnt geputzt.

❧

Nasse Schuhe

werden mit Zeitungspapier fest ausgestopft, sie behalten ihre Form und das Papier saugt die Nässe auf.

Läuse an Gartenrosen
vernichtet man mit Brennesselsud. Ein Wassereimer wird zur Hälfte mit Brennesseln gefüllt, die mit klarem Wasser aufgegossen werden - 2 Tage stehen lassen, dann den Brennesselsud abgießen und auf die mit Läusen befallenen Rosen sprühen.

❧

Insektenstiche,
insbesondere Bienen- und Wespenstiche reibt man sofort mit der Schnittfläche einer frisch durchgeschnittenen Zwiebel ein. Der Zwiebelsaft verhindert das Anschwellen des Stiches.

❧

Motten
vertreibt man mit frisch duftenden Lavendelblüten, in Leinensäcken eingenäht, die in den Wäscheschrank gehängt werden.

❧

Fenster
putzt man wunderbar klar und sauber mit Essigwasser und Zeitungspapier.

Teekannen,
die unansehnlich braun geworden sind, kann man wie folgt reinigen: 1 Päckchen Backpulver in die Kanne geben und kochendheißes Wasser daraufgießen, einige Zeit stehenlassen und mit einer Bürste und Spülmittel nachreinigen.

❧

Goldschmuck
legt man einige Zeit in Spülwasser und putzt ihn dann mit einer ausrangierten Zahnbürste und Zahncreme sauber, gut mit warmem Wasser nachspülen.
Die Zahncreme übernimmt eine leichte Schmirgelfunktion, das Gold wird wieder glänzend, wenn man es ordentlich mit einem weichen Tuch nachpoliert.

❧

Kristallvasen,
Kristallgläser bekommen einen schönen Glanz, wenn man sie mit einer Mischung aus Wasser und Salmiak (1 Liter Wasser, 1 Eßlöffel Salmiak) säubert und mit einem sauberen Leinentuch nachpoliert.

Eierschale,
getrocknet und klein zerstoßen, eignet sich ausgezeichnet als Blumendünger.

❧

Kastanien
(auch Kirschkerne) eine größere Menge davon in einen Leinenbeutel eingenäht und in der Backröhre oder im Backofen aufgewärmt, sind nostalgische Wärmespender - ein Ersatz für eine Wärmeflasche - gut gegen kalte Füße!

❧

Tannenzapfen
für den Adventschmuck 5 Minuten in gesättigtes Salzwasser legen (ganz eintauchen), dann im Backofen trocknen lassen – bizarre Kristalle überziehen den Zapfen wie Rauhreif.

❧

Tannenbaum
nach dem Fällen in Salzwasser stellen, er hält sich dann 3 Wochen lang frisch.

Alte Bauern- und Wetterregeln

Man muß die Feste feiern, wie sie fallen,
und das Wetter nehmen, wie es ist.

❧

Schönes Wetter bringt Gewinn,
merk dir das in deinem Sinn.

❧

Der schönste Tag
beginnt mit einer stillen Morgenröte.

❧

Morgenrot, bringt Wasser in Lot,
Abendrot, gut Wetter Bot.

❧

Wenn der Nebel fällt zu Erden,
wird bald gutes Wetter werden,
steigt der Nebel nach dem Dach,
folgt bald großer Regen nach.

❧

Sind abends über Wies und Fluß Nebel zu schauen,
wird die Luft anhaltend schön Wetter brauen.

Frühling

Ist der Mai kühl und naß, füllt er dem Bauern
Scheun und Faß.

❧

Die Lerche verkündet den Frühling.

❧

Aprilschnee ist besser als Schafmist.

❧

Der April weiß nicht, was er will.

❧

Wenn der April Spektakel macht,
gibt's Heu und Korn in voller Pracht.

❧

Dürrer April ist nicht des Bauern Will…

❧

Gibt's im Frühjahr viel Frösche, so geraten die Erbsen.

Lassen die Frösche sich hören mit Knarren,
wirst du nicht lange auf Regen harren.

❧

Grünt die Eiche vor der Esche,
hält der Sommer große Wäsche;
grünt die Esche vor der Eiche,
hält der Sommer große Bleiche.

❧

Karfreitag Sonnenschein,
bringt uns reiche Früchte ein.

❧

Wenn's am Karfreitag regnet,
so ist das Jahr gesegnet.

❧

Später Frühling
früher Winter.

❧

Blüte schnell und ohne Regen,
verspricht beim Obste großen Segen.

Sommer

Eine Schwalbe bringt noch keinen Sommer.

Ist der Juni naß, leert er dem Bauer Scheun und Faß.

Wenn naß und kalt der Juni war,
verdirbt er meist das ganze Jahr.

Eine Lerche, die singt, noch keinen Sommer bringt;
doch rufen Kuckuck und Nachtigall,
so ist es Sommer überall.

Wenn die Seeschwalben auf Sandbänke bauen,
kann man auf einen trockenen Sommer trauen.

Auf die schönsten Sommertage
folgen die größten Wetter.

Kräht der Hahn auf dem Mist,
bleibt das Wetter, wie es ist;
kräht der Hahn auf dem Hühnerhaus,
hält das Wetter die Woche aus.

❧

Wenn alte Ochsen spielen, toben und ländern,
will sich das Wetter ändern.

❧

Wetter, die langsam ziehen, schlagen am schwersten.

❧

Wenn's auf den trockenen Boden donnert,
dann blüht eine Hitz, wenn's auf nassen Boden donnert,
so blüht ein Regen.

❧

Blitze, die beiseit vom Wetter entstehen,
sind die gefährlichsten.
Wenn es blitzt von Westen her,
deutet's auf Gewitter schwer;
kommt von Norden her der Blitz,
deutet es auf große Hitz.

Kommen die Fische früh ans Licht,
trau dem Tag, dem Wetter nicht.

❧

Kriecht die Spinne vom Netz zum Loch,
gibt's am Tage Gewitter noch.

❧

Wenn die Kuh das Maul nach oben hält im Lauf,
so ziehen Gewitter auf.

❧

Eine kleine Morgenwolke macht oft ein großes
Abendgewitter.

❧

Starke Regengüsse sind nicht von Dauer.

❧

Schwere Gewitter dauern nicht lange.

❧

Wenn die Sonne scheint sehr bleich,
ist die Luft an Regen feucht.

Wenn es nach dem Neumond regnet,
so soll es einen ganzen Monat regnen.

❧

Die Hunde fressen Gras, da wird es heute noch naß.

❧

Weht der Wind aus Süden,
ist uns bald Regen beschieden.

❧

Wenn der Himmel gezupfter Wolle gleicht,
das schöne Wetter bald dem Regen weicht.

❧

Wenn kurz vor Vollmond der Sonnenaufgang neblig war,
wird's Wetter in den nächsten Tagen warm und klar.

❧

Siehst du die Katze gähnend liegen,
weißt du, daß wir Gewitter kriegen.

❧

Ein Tag Regen tränkt sieben dürre Wochen.

Wenn die Gartenschnecken kriechen auf Beeten
und Wegen, so folgt Gewitterregen.

❧

Wenn die Schwalben das Wasser im Flug berühren,
so ist Regen zu spüren.

❧

Wenn die Fledermäuse abends herumfliegen,
so folgt ein anhaltend gutes Wetter.

❧

Wenn eine Amsel im Haus,
so bleibt der Blitz daraus.

❧

Steigt die Lerche hoch, singt lange hoch oben,
habt ihr das lieblichste Wetter zu loben.

❧

Wirft der Storch aus dem Nest
eins von der jungen Schar,
so gibt es ein trockenes Jahr.

Kiebitz tief und Schwalben hoch,
bleibt trocken Wetter noch.

❧

Die dunkle Nacht heitren Tag macht.

❧

Je finsterer die Nacht, je heller der Morgen.

❧

Schöne Nächte – trübe Tage.

❧

Wenn Schäfchenwolken am Himmel stehen,
kann man ohne Schirm spazierengehen.

❧

Fällt morgens Regen wie feiner Staub,
an gut′ Wetter glaub.

❧

Die Grille mit ihrem Zirpel mißt,
wie warm die Luft am Boden ist.

Vor Johanni bitt um Regen,
nachher kommt er ungelegen.

❧

Hundstage hell und klar, zeigen an ein gutes Jahr.

❧

August ohne Feuer macht das Brot teuer.

❧

Ziehen die Störche erst nach Barthelmä (24. August),
tut uns der kommende Winter nicht weh.

❧

Das gute Wetter reißt bald aus,
wenn früh rumort und pfeift die Maus,
wenn's Vöglein ängstlich heimwärts zieht
und flink ins Nestchen schlüpft,
wenn Kräh und Rabe krächzend fliegt,
die Henne im Sande wühlt,
die Taube sich badet und
die Schwalbe über dem Wasser sich wiegt,
wenn die Spinne ihr Netz nicht weiter baut,
sich verkriecht und es mit dem Rücken anschaut.

Herbst

Wenn die Krähe sich auf die Mahd setzt,
zeigt es schlechtes Wetter an.

❧

Wenn die Blätter fallen beizeit,
verspricht's aufs Jahr viel Fruchtbarkeit.

❧

Zieht der Vogel schon zeitig ins Weite,
bringt November schon Winterfreude.

❧

Blühn die Diesteln reich und voll,
ein schöner Herbst dir blühen soll.

❧

Wenn die Krähen schrein, stellt sich Regen ein.

❧

Dreht zweimal sich der Wetterhahn,
so zeigt er Sturm und Regen an.

Winter

Wenn die Störche zeitig reisen,
kommt ein Winter von Eisen.

Je größer die Ameisenhügel,
je straffer des Winters Zügel.

Wenn die Christnacht fällt in den wachsenden Mond,
so gibt es ein Jahr, das sich lohnt.

Abendrot bei West
gibt dem Frost den Rest.

Die heilige Dorothee (6. Februar)
bringt den meisten Schnee.
An Sankt Valentin (14. Februar)
friert's Rad samt Mühle in.

Alte deutsche Kinderreime

Die Hummel

Dicke fette Hummel,
was machst du für ein Gebrummel,
grad wie ein kleiner Zottelbär,
so brummig kommst du ja daher,
nun sag mir mal warum,
summst du mit Gebrumm? …

»Die Bienen sind so fix und frech,
sie holen mir den Honig weg
auf meinem Morgenbummel,
drum bin ich bös und brummig,
aus vollem Ärger summ ich,
summ, summ, summ,
brumm brumm.«

Spannenlanger Hansel …

Spannenlanger Hansel,
nudeldicke Dirn,
gehn wir in den Garten,
schütteln wir die Birn!
Schüttel ich die großen,
schüttelst du die klein`,
wenn das Säckchen voll ist,
gehn wir wieder heim.

Lauf doch nicht so närrisch,
spannenlanger Hans,
ich verlier die Birnen
und die Schuh noch ganz!
Trägst ja nur die kleinen
nudeldicke Dirn,
und ich schlepp den schweren Sack
mit den großen Birn.

En Pott mit Bohnen

Wenn hier en Pott mit Bohnen steiht,
und dor en Pott mit Brie,
so lat ik Brie und Bohnen stahn
und danz mit min Marie.

Un wenn Marie nich danzen kann,
denn hett se scheewe Been.
Denn treck ick ehr den Slaprock an,
denn is dat nich to sehn.

Ting, tang, Tellerlein

Ting, tang, Tellerlein!
Wer sitzt in diesem Turm?
Ein wunderschönes Mägdelein, und das sprach so:
Erster Stein, zweiter Stein,
dritter Stein soll bei mir sein!
Ting, tang, Tor!

Punkt, Punkt, Komma ...

Punkt, Punkt, Komma, Strich,
fertig ist das Mondgesicht.
Ein Paar Ohren wie die Mohren,
einen Hals wie Schmalz,
einen Bauch wie Rauch.
ein Paar Beine wie 'ne sechs,
fertig ist die Hex:
Machen wir noch'n paar Henkel dran,
daß man's besser tragen kann.

Prost, Brauder Dickmuul

Prost, Brauder Dickmuul, du sast läben,
deine Seele sei vergnügt,
und dein Schätzchen auch daneben,
seine Seele sei vergnügt.
Brauder, ick un du, ick un du,
wi supen ümmer drupp un zu.

Ziehe durch, ziehe durch …

Ziehe durch, ziehe durch,
durch die goldene Brücke,
sie ist entzwei, sie ist entzwei,
wir wollen sie wieder flicken!
Mit was ? Mit Gras,
mit einerlei, mit steinerlei.
Der erste kommt, der zweite kommt,
der dritte muß gefangen sein!

Kieckebusch

Und wenn du denkst, ich lieb dich nicht und
treib mit dir nur Scherz,
so zünd dir ein Laternchen an
und leuchte mir in's Herz.
Kieckebusch, ick sei di
dat du mi siehst, dat freut mi,
dirallala, dirallala, dirallalalala.

Ist die schwarze Köchin da?

Ist die schwarze Köchin da?
Nein, nein, nein.
Dreimal muß sie rummarschieren,
viertes Mal den Stock verlieren,
fünftes Mal, komm mit, Frau Schmidt!

Da steht sie ja, da steht sie ja,
die Köchin aus Amerika.

Blinne Koh, ick lei di!

Blinne Koh, ick lei di.
Wohen?
Nah'n Bullenstall.
Wat sall ick dor?
Klüten un Melk ät'n.
Ick hev keen Läpel.
Gah hen un sök di een!

Himpelchen und Pimpelchen

Himpelchen und Pimpelchen,
die gingen auf einen Berg.
Himpelchen war ein Heinzelmann
und Pimpelchen war ein Zwerg.
Sie blieben lange da oben sitzen
und wackelten mit den Zipfelmützen.
Doch nach fünfundsiebzig Wochen
sind sie in den Berg gekrochen,
schlafen da in guter Ruh,
seid fein still und hört mal zu!

Vadder Meier

Vadder Meier leggt Eier woll achter dat Schapp.
Dunn kem een Hund, dei makt's bunt.
Dunn kem een Uhl, dei makt's ful.
Dunn kem een Kreih, dei makt's intwei.

Hoppe hoppe, Reiter

Hoppe hoppe, Reiter,
wenn er fällt, dann schreit er.
Fällt er in das grüne Gras,
macht er sich die Hosen naß,
fällt er in den Graben,
fressen ihn die Raben,
fällt er in die Hecke,
fressen ihn die Schnecken,
fressen ihn die Müllermücken,
die ihn vorn und hinten zwicken,
fällt er in den Sumpf,
macht der Reiter plumps.

Trab, Pferdchen, trab

Trab, Pferdchen, trab,
wirf den Reiter ab
Wirf ihn in die Pfütze,
der Reiter ist nichts nütze.

Suse lewe Suse

Suse lewe Suse,
wat russelt int Stroh?
Dat dohn de lütten Gösings,
de hebben keen Schoh.
De Schoster hett keen Ledder,
keen Leisten dorto,
drüm danzen de lütten Gösings
oh ümmer ahn Schoh.

Der Plumpssack geht rum

Der Plumssack geht rum,
und niemand dreht sich um
und wer sich umdreht oder lacht,
der kriegt den Puckel voller Schacht,
der Plumpssack geht rum.

Lirum larum Löffelstiel

Lirum larum Löffelstiel,
alte Weiber essen viel,
junge müssen fasten.
Das Brot, das liegt im Kasten,
das Messer liegt daneben:
Ei, was ein lustig Leben!
Lirum larum Löffelstiel,
arme Leute haben nicht viel.
Reiche Leute essen Speck,
arme Leute ham ein Dreck.

Heinrich, Heinrich

Heinrich, Heinrich, pell Kantüffeln,
Heinrich, Heinrich, stipp in't Fett,
Heinrich, Heinrich, solten Hiring,
Heinrich, Heinrich,
dat smeckt nett.

Eine kleine Zipfelmütze

Es geht eine Zipfelmütze
in unserem Kreis herum.
Widebum!
Dreimal drei ist neune,
ihr wißt ja, was ich meine,
dreimal drei und eins ist zehn,
Zipfelmütz bleib stehn, bleib stehn!
Sie rüttelt sich, sie schüttelt sich,
sie wirft ihr Säckchen hinter sich.
Sie klatschen in die Hand: Wir beide sind verwandt.

Mein Kathrin

Wenn mein Kathrin nich tanzen will,
denn weet ick, wat ick do,
denn stopp ick se in'n Hafersack
und bind in oben to.

Rote Kirschen eß ich gern...

Rote Kirschen eß ich gern,
schwarze noch viel lieber,
in die Schule geh ich gern,
alle Tage wieder.
Hier wird Platz gemacht
für die jungen Damen!
Saß ein Kuckuck auf dem Dach,
kam der Regen, macht ihn naß,
kam der liebe Sonnenschein,
diese Dame soll es sein!

Die Sackmütz

Seht einmal die Sackmütz an,
wie die Sackmütz tanzen kann!
Sackmütz hin, Sackmütz her,
Sackmütz ist ein Zottelbär.

Ri ra rutsch

Komm, wir wollen wandern,
von einer Stadt zur andern.
Liegt ein Kreuzer auf dem Tisch,
zahl ihn,
wer ihn schuldig ist.
Ri ra rutsch,
wir fahren mit der Kutsch.

Ri ra rutsch,
wir fahren mit der Kutsch.
Wir fahren mit der Eisenbahn,
hängen lauter Mädchen dran.
Ri ra rutsch,
wir fahren mit der Kutsch.

Ri ra rutschika,
wir ziehen nach Amerika.
Ri ra rutsch,
wir fahren mit der Kutsch!

Lütt Matten

Lütt Matten, dei Has,
dei maakt sick een Spaß, hei wier bit Studieren,
dat Danzen tau lieren,
un danzt ganz allein up dei achtersten Bein

Kem Reinke, dei Voß
un dacht: Dat's ne Kost!
Un seggt:
»Lütte Matten, so flink up dei Padden?
Un danzt hier allein up dei achtersten Bein?

Kumm, lat uns tausam,
ick kann as dei Damen,
dei Kreih, dei spält Fidel, denn geit dat kandidel,
denn geit dat mal fein up dei achtersten Bein!«

Lütt Matten geew Poot, dei Voß beet em doot,
un sett't sick in'n Schatten,
verspiest den lütt Matten.
Dei Kreih, dei krieg ein von dei achtersten Bein.

Ich geh mit meiner Laterne

Ich geh mit meiner Laterne
und meine Laterne mit mir.
Da oben leuchten die Sterne,
da unten leuchten wir.
Mein Licht geht aus,
ich geh nach Haus,
der Hahn, der kräht,
die Katz miaut.
Eeh, eeh, eeh,
labummel, labimmel, labeeh!

De Olsch mit de Lücht,
dee de Lüd bedrücht,
dee de Eier haalt un's nich betaalt,
juuch Hahnrei, juuch Hahnrei!

Aal, Aal, Aal,
Madam, kam' Sei mal daal.
Fieken sitt in' Kellerlock,
all dei Kaffe is oewerkaakt,
Aal, Aal, Aal,
Madam, kam' Sei mal daal.

Kennt ji all dat nige Leed

Kennt ji all dat nige Leed, nige Leed, nige Leed,
wat dat ganze Dörp all weet
von Herrn Pasturn sin Kauh?
Sing man tau, sing man tau
von Herrn Pasturn sin Kauh jau, jau,
sing man tau, sing man tau
von Herrn Pasturn sin Kauh.

Ostern wir se dick un drall,
Pingsten leeg se doot in'n Stall,
uns Herrn Pasturn sin Kauh ...

As se würd in Stücken snädn,
hett dat ganze Dörp wat krägn'n,
von Herrn Pasturn sin Kauh ...

Pasters Knecht sihr freut sick hett,
kreeg dat ganze Plückenfett ...

Un dat lütte Kinnermät'n
kreeg dat Stück wo't Kalf in säten ...

Un de Köster Dümelang
kreeg den Stiert as Klockenstrang ...

Un de Jungfer Edeltraut
kreeg 'ne nige Jungfernhaut ...

Un de düchtig Dörpkapell
kreeg'n niges Trummelfell ...

Un de nige Landschandarm
kreeg'n vullen Achterdarm ...

Un de olle Füerwehr
kreeg'n Pott mit Wagensmeer ...

Schriewer Meier kreeg ook noch wat,
de halt sick'n Uur as Dintenfatt ...

Dat anner Uur wier nich tau seihn,
dat haalten sick de Grevmoehlschen Kreihn ...

Dat linke Oog von 'ne Preisterkauh,
dat kreeg – ick weet't nich mihr genau ...

Dat rechte Oog harr'k bald vergäten,
ick glöw, dat hebbn de Swin upfräten ...

De Möckelbörger let't nich slapn,
nähm'n den Kopp in't Landeswappen...

Doch nu kümmt dat allerbest,
de Kauh, de is 'n Ossen wäst ...

Zungenbrecher

Fischers Fritz fischt frische Fische,
frische Fische fischt Fischers Fritz.

❧

Der Kottbusser Postkutscher
putzt den
Kottbusser Postkutschkasten.

❧

Esel essen Nessel nicht,
Nessel essen Esel nicht.

❧

Wenn mancher Mann wüßte,
wer mancher Mann wär,
gäb mancher Mann
manchem Mann mehr Ehr.

❧

Brautkleid bleibt Brautkleid und
Blaukraut bleibt Blaukraut.

Wenn der Zweck,
der den Zweck hat,
daß er den Zweck,
den er bezwecken soll,
bezweckt, den Zweck,
den er bezwecken soll,
nicht bezweckt,
so ist dieser Zweck
ein zweckloser Zweck!

❧

Es zwitschern zwei Zeisige zwischen
zwei Zwetschgenzweigen.

❧

Die Bürsten mit den schwarzen Borsten
bürsten besser, als die Bürsten mit den weißen
Borsten bürsten.

❧

Siehst du! Nu hast du! Nu weinst du!
Warum hast du der Puppe die Arme ausgenuddelt
und die Sägespäne aus dem Bauch gepuhlt?
(Ganz schnell aufsagen)

Lustiges, bunt durcheinander

Appel Appel Appel,
de Jungens hebben en Kappel.
Beeren Beeren Beeren,
en Kappel hebben de Dernen.

❧

Dickerle, Dickerle dick dick dick,
morgen kommst in die Wurstfabrik.

❧

Spitze Nase, spitzes Kinn,
wohnt der Teufel mitten drin.

❧

Ilse Bilse, niemand will sie,
kam der Koch und nahm sie doch.

❧

Ach Gottche, sprachs Lottche,
sieben Kinder un keen Mann!
De Kinder ham Läuse
unds Lottche keen Kamm.

Bist du bös, gah mank de Göös!
Bist du got, kumm up min Schoot!

❧

Heile heile Segen!
Drei Tage Regen, vier Tage Schnee
tut dem Kindlein nichts mehr weh.

❧

Heile heile Gänsche,
s' Mäusche hat e Schwänzche!
Heile heile Katzendreck,
morgen ist alles wieder weg!

❧

Fritz Franz Friederich, wovon büst du son Wüterich?
Mien Vader hett mi slagen, dat künn ik nich verdragen,
mien Mudder hett mi knäpen, dat künn ik nich vergäten.

❧

O du lieber Augustin, alles ist weg!
Rock is weg, Stock is weg, Mütz is weg, Büx is weg,
Geldbüdel liggt ok in Dreck.
O du lieber Augustin, alles ist weg!

Franz Friedrich, wat büst du so niedrig?
Mudder het mi keen Mettwurst gäben,
dorüm bün ik so niedrig bläben.

❧

Emil, Emil, Löffelstiel,
deine Kinder fressen viel,
alle Tag ein Groschenbrot,
ei, das ist 'ne rechte Not.

❧

Wenn Ostern is, dann schlacht min Vadder en Bock,
dann danzt min Vadder, dann danzt min Modder,
dann wackelt ehr de Rock.

❧

Wenn Ostern is, dann schlacht min Vadder en Bock,
dann spinnt min Modder, dann spinnt min Modder,
dann krieg ick 'n niegen Rock.

❧

Lott is dood, Lott is dood, Jule liggt in Starben.
Dat freut uns recht, dat freut uns recht,
da könn wi noch wat arben.

Wann Pingsten is, wann Pingsten is,
dann schlacht min Vadder 'n Bock.
Dann danze ik, dann danze ik,
dann flügget mi de Rock.

❧

Anna Maria Schlenkerbein
kommt die ganze Woch nicht heim.
Hat gesungen, hat gesprungen
mit dem schiefen Schusterjungen.

❧

Siehste woll, da kimmt er,
lange Schritte nimmt er,
siehste wohl, da kimmt er schon,
der versoffne Schwiegersohn.

Siehste woll, da kimmt er,
Riesenschritte nimmt er,
krumme Beine hat der Schuft,
Haare stehn ihm in die Luft.

❧

Ät man, ät, bi uns war'd nich tellt,
ok wenn du all de söbente Stull uphest.

Da wär mal eens en Mann,
nu fangt de Geschichte an.
De Mann de hadd en Koh,
nu hör ok man recht to.
De Koh de hadd en Kalf,
nu is de Geschichte half.
Dat Kalf dat hadd en Stippel,
nu is de Geschichte dreevittel,
un en ganz lütte Snuut,
nu is de Geschichte ut.

❧

Ich erzähle dir ein Märchen
vom Dippel Dappel Bärchen,
von der Dippel Dappel Fledermaus,
blas der Katz das Schwänzchen aus.

❧

Suse brummsuse,
wat suset de Wind.
Komm her, min lütt Muskatt,
un weeg mi dat Kind.
Ik will dat woll weegen,
de Kopp sall em fleegen.

Ohren Stippchen,
Kinne Wippchen,
Backen Häärchen,
Mund Fläärchen,
Nase Riekchen,
Augen Kiechen
Stirn Höfken,
tippetipp, tippetipp.

❧

Zehchen lang, Füßchen gang,
Kniechen knick, Bauch dick.

❧

Kinn Wippke,
rot Lippke,
spitz Näske, Augbronke,
schiep, schiep, schiep Maronke.

❧

Schlafe, liebe Kleine,
draußen schlägt es neune,
neune ist die Schlummerzeit
für die Kleinen weit und breit, Eia puleia.

Slaap, Kinning nun,
dien Vadding, de is duun,
he hett vörn Daler Branntwien utsapen,
dorüm kann uns oll lütt Jung nich slapen.

Heichen Puleichen
hat Äpfel gekocht,
stehn in de Röhre
und quackern noch,
Heichen Puleichen!
Heichen Puleichen
schlief lieber wie du,
willst mir's nicht glauben,
so sieh mir mal zu.
Heichen Puleichen!

Eia popille,
schweigst du nicht stille,
geb ich dir,
du Sünderlein,
die Rute für dein Hinterlein.
Eia popille.

Heidelbum, didel,
Krischan mit de Fiedel,
Korl mit de Fleit,
wie dat schön geiht!

❧

Trarachen, trarachen,
wo ist dem Kind sein Papachen?
Ist er beim Bier, ist er beim Wein,
wo wird dem Kind sein Papachen sein.

❧

Das ist der Daumen,
der schüttelt die Pflaumen,
der hebt sie auf,
der trägt sie nach Haus,
und der kleine Schelm
ißt sie alle auf.

❧

Gretel Pastetel,
was machen die Gäns?
Sie sitzen im Wasser
und waschen die Schwänz.

Gickes gackes Eiermus,
Gäns laufen barfuß,
haben gelbe Schuhe an,
haben rote Bändel dran.

❧

Da steht se nun und hat kein Mann
und ärgert sich zu Tode!
Ein andermal paß besser auf,
du alte Quietschkommode!

❧

Marie, Marie, Marizkaka,
wie geht es denn der Omama?
Sie liegt im Bett und fängt die Flöh
und stopft sie in das Portmannee.

❧

Lebe glücklich, lebe froh, wie der Mops im Paletot.

❧

Heinrich der Wagen bricht,
seh mal nach, du Lumperich,
zuckersüßer Heinerich.

Anne mit de Panne,
mit de Klotzpantin,
jeht bein Koofman und klaut Rosin.

❧

Mein Herz schlägt wie ein Pferdefuß
in meiner linken Wade,
nun sei gerührt wie Apfelmus und flüssig wie Pomade.

❧

Herr Schmitt, Herr Schmitt,
wat kriegt sien Dochter mit?
En Sack voll Mehl und en Pott voll Grütt,
dat kriegt Herr Schmitt sien Dochter mit.

❧

Herr Littdittditt, Herr Littdittditt,
wi gahn na Jabels Markt,
un köpen uns en lütt Zuckerpopp,
de ganz un goor nicht quarrt.

❧

Ich und du, Müllers Kuh,
Müllers Esel, der bist du.

Pau Pauline, Apfelsine,
Apfelkuchen,
du mußt suchen.

❧

Halben Liter Bottermelk, halben Liter Klümp,
un wenn de Buer besapen is,
denn danzt he up de Strümp,
un wenn de Strümp sünd kort un kleen,
denn danzt he up de barrsten Been.

❧

Engel Bengel Backbeerstengel,
Rosenring, Königskind,
bookstabieren, samuliern
puff puff paff, du büst af.

❧

Eine kleine Dickmadam
fuhr mit der Eisenbahn,
Dickmadam, die lachte
Eisenbahn die krachte.
Eins, zwei, drei
und du bist frei!

Eine kleine Piepmaus lief ums Rathaus,
wollte sich was kaufen, hatte sich verlaufen.
Schwillewipp, schwillewapp, du bist ab!

❧

Ich wünsche euch ein glückseliges neues Jahr,
'ne Brezel wie ein Scheunentor,
ein Lebkuchenstück wie 'ne Ofenplatt,
da werden wir all miteinander satt.

❧

Prost Neujohr!
Winsch dir de Arsch voll Säuhoor
un de Kopp voll Grind un alle Johr e Kind.
Prost Neujohr!

❧

Ich wünsche dir zum neuen Jahr
tausend Läuse an einem Haar.
So viel Flöh am Pudelhund,
so viel Jahre bleib gesund.

❧

Elleri sellerie, rippe di ra, rippel di rappel di knall.

Nu gahn wi to Hus
und braden uns ne Muus
un leggen dee upn Steen
und braden uns noch een
und leggen dee uppe Dracht
un braden uns noch acht,
gode Nacht, gode Nacht.

Ende

Fleisch u. Geflügel.

Rebhühner.

Das Huhn wird gerupft, ausgenommen, Kopf und Pfoten abgeschnitten; dann läßt man es in gelbbrauner Butter auf beiden Seiten etwas anbräunen, gießt Wasser hinzu, (nicht viel) und läßt es so, wenn es ganz jung ist ½ Stunde schmoren. Dann gießt man saure Sahne dazu und läßt es noch, bis dieselbe braun ist auf dem Feuer.

Königsberger Klops.

2 ℔ gehacktes Schweinefleisch, 3 geriebene alte Semmel, 2 Eier, Schalotten u. Nelkenpfeffer, Salz, etwas Milch; formt runde Klöße daraus und kocht diese

Nachwort

Ich möchte meiner Familie, meinen Freunden, Nachbarn und Bekannten herzlich danken für die liebevolle Unterstützung beim Stöbern nach überlieferten Mecklenburger Rezepturen, alten Mecklenburger Kochbüchern, Haushalts-Tips, Wetterregeln und alten, manchmal seltsam spaßhaft erscheinenden, deutschen Kinderreimen.

Ganz besonders danken möchte ich jedoch Lydia und Klaus Krüger. Sie haben mir ihre gesamten überlieferten, im Jahre 1894 beginnenden, Aufzeichnungen über typisch Mecklenburger Gerichte sowie ihre ebenso nostalgischen Kochbücher für die Arbeit an diesem Buch zur Verfügung gestellt. Die Unterlagen waren für mich eine große Bereicherung und von großem Wert für die Auswahl der Rezepturen in diesem etwas anderen Kochbuch für Leute von heute.

Magrit Göllnitz

Quellenverzeichnis

Neben mündlichen und handschriftlichen Überlieferung
wurden für die Textauswahl folgende Quellen benutzt:

Henriette Davidis
»Praktisches Kochbuch für die gewöhnliche und feinere Küche«
Verlag von Belhagen & Klasing
28. Auflage, Bielefeld und Leipzig

Frieda Ritzerow, »Mecklenburgisches Kochbuch«
Rostock, Hinstorff'sche Verlagsbuchhandlung, 1868
Photomechanischer Nachdruck
Hinstoff Verlag Rostock 1981
3. Auflage 1983

»Ich will euch was erzählen ... Deutsche Kinderreime«,
ausgewählt: von Anne Gabrisch
Verlag Philipp Reclam jun.
Leipzig 1980

»Der Honig ist nicht weit vom Stachel«
gesammelt, herausgegeben von
Werner Richen und Michael Strich
Koehler & Amelang
Leipzig 1984

»Rotweinflecken entfernt man mit Salz«
von Bauknecht
2. überarbeitete Auflage, Dezember 1988
Druck: Julius Hornung, 7000 Stuttgart 40

»Allesfein Kochbuch« Gera 1894
Altes überliefertes Kochbuch
(Verfasserin und Verlag unbekannt)

»Koche auf Vorrat Band 1«
(10. Auflage 1913), 11. Auflage
»Koche auf Vorrat Band 2«
(6. Auflage 1910), 7. verbesserte Auflage
Herausgeber: J. Weck GmbH., Öflingen
Amt Säckingen (Baden)
Druck von R. Th. Hauser & Co
Frankfurt am Main

»Neues allgemeines Kochbuch«
Rose Stolle-Unterweger
5. unveränderte Auflage
Verlag von Wilhelm Möller
Oranienburg

»Volkslieder aus Mecklenburg«
Petermännken Verlag Schwerin
Heft 7
Institut für Volkskunstforschung (Leipig)